LES BLAGUES DE
toto

Mes *plus* meilleures histoires de Toto

Albin Michel

1

L'ÉLECTION DU DÉGLINGUÉ DE CLASSE

Je sais pas comment j'ai fait, mais en racontant le film que j'ai vu hier à la télé à mon copain Yassine, j'ai levé les bras et pas de chance, Mademoiselle Jolibois a cru que je me présentais à l'élection du délégué de classe ! J'allais refuser, quand Jonas, ce fou de sport, s'est moqué de moi :

– Wah ! Wah ! Toto ? C'est la meilleure de l'année, ça !

Et ça, ça m'a super énervé, alors je suis monté sur ma chaise et j'ai dit bien fort à toute la classe :

– Mais moi aussi, je peux le faire, Môssieur Muscle !

– On veut Toto ! a ajouté Yassine. C'est toujours Jonas qui nous représente. Il faut que ça change !

– Allez, Toto ! a dit mon pote Junior. Toi aussi, tu peux faire déglingué de classe ! Ils ont raison, mes copains ! Finalement, je m'y verrais bien !

Ce Jonas, il m'énerve, mais il m'énerve ! À la récré, il est déjà en train de faire campagne ! Tout en faisant son jogging dans la cour, il arrête pas de crier :

– Votez Jonas ! Votez la classe !

Et puis, bien sûr, sa copine Justine le suit comme un toutou ! N'empêche, de le voir aussi sûr de lui, ça me complexe...

Mais Olive est pas d'accord avec moi et me secoue :

– Allez, Toto, présente-toi ! Comme ça, Mademoiselle Jolibois verra que tu prends l'école au sérieux...

– Olive a raison ! ajoute Junior. T'es déjà le roi de la blague, tu peux bien être le roi de la classe !

Et il en rajoute une couche :

– Toto, Président de la classe ! Toto, Président de la classe !

Ça m'a donné des ailes, ça !

– Vous avez raison, les copains ! Faut pas rater une occasion de rigoler !
Je monte sur les épaules de Yassine et hop ! Je fais comme si j'étais un homme politique :
– *Écoliers, écoliaises, je vous ai comprites !*
Votez Président Totoooooooooooo !
Je sais pas si j'ai des talents d'orateur, mais mon copain Yassine, lui, il a pas les

épaules solides… Il a pas supporté mon poids et je me suis retrouvé par terre, les quatre fers en l'air ! Et qui ça fait rigoler ? Jonas ! Et le voilà qui s'empresse de montrer ses biscotos en lançant :

– Avec le sport, gardez l'équilibre ! Votez Jonas, votez la classe !

La cloche sonne, alors, on rentre tous en classe et je confirme ma candidature à Mademoiselle Jolibois. Elle semble drôlement contente…

– Toto, je suis ravie que tu prennes au sérieux ton rôle dans la classe ! Maintenant que nous avons deux candidats, je déclare la campagne ouverte ! Vous voterez demain, après les discours.

– Un discours ? À écrire ? Euh… on peut pas faire des tirs de pénos à la place ?

Dommage, la maîtresse ne trouve pas ma proposition géniale…

Alors, à la récré suivante, je copie sur Jonas et je distribue les rôles de chaque membre de mon équipe.

– Yassine, tu seras vice-président. Toi, Junior, tu seras vice-vice-président chargé de la communication et toi, Olive, tu seras une fille pour l'égalité des sexes ! Y a plus qu'à trouver un slogan !

– Toto, un ami pour la vie ! me lance Yassine.

Mais, moi, je trouve ça trop perso…

– Toto, c'est rigolo ! me dit Olive.

Je trouve ça bien, mais tout le monde le sait déjà !

– Toto, le délégué qui tombe à l'eau ! me lâche Jonas en rigolant comme une baleine.

Pfft… je le supporte pas, ce Jonas…

– Et si on disait : « Votez Toto, le gars qu'il vous faut ! » propose Junior.

Bingo ! Ça, c'est du slogan ! Et on va se faire des Tee-shirts « 0+0 = 20/20 » et on va photocopier plein de tracts !

Bien sûr, mon idée plaît pas à Jonas. Alors, on fait la course pour arriver le premier à la photocopieuse… Et je perds… Normal, je passe pas mon temps à faire du sport, moi ! Enfin bref, je vais à la cantine et scande mon slogan en lançant mes tracts :

– Plus de frites ! Moins de *brocolites* !

Ouais ! Ça marche ! Carole, Igor et Arnold me suivent… enfin, pas pour longtemps car Jonas et son toutou de Justine me copient en hurlant :

– Des pâtes, du riz pour les sportifs ! Votez Jonas, votez la classe !

Même pas grave. Il m'en faut plus pour me décourager ! Je fonce à la bibliothèque de l'école avec Yassine, Junior et Olive et on répète bien fort :

– Des BD à la place des dictées !

Je peux plus m'arrêter. En fait, c'est rigolo de faire campagne ! Je continue à expliquer mon programme, mais cette fois, d'un ton sérieux :

– Je vous promets la suppression des notes en dessous de la moyenne, les punitions sous forme de bonbons et j'exigerai que la cour soit chauffée l'hiver ! Alors, votez Toto !

Bah voilà, pour une fois que je suis sage, faut que Madame Blanquette, la surveillante, me chasse de la bibliothèque, tout ça parce qu'il faut du silence dans la salle… Je vais dans la cour et avec mes copains, on crie :

– Des billes pour tous !

Et on en lance plein vers nos camarades. Pffft… Quels maladroits ! Au lieu de les ramasser, ils glissent dessus ! Et qui rigole encore ? Jonas ! Lui, il distribue des clémentines et crie de plus belle en gesticulant comme un pingouin :

– Un corps sain dans un esprit sain ! Je demanderai donc la création d'une équipe de hockey subaquatique, du foot et du yoga pour tous, moins de maths et le survêtement comme uniforme de l'école !

C'est pas facile d'affronter Jonas… Je fais un sondage qui donne pas grand-chose et une course au jardin public où je perds lamentablement. Alors, le soir, j'ai le moral dans les chaussettes…

– J'en peux plus… Il est trop fort, ce Jonas, en plus il est tellement habitué à gagner, qu'il peut pas perdre… Vaut mieux abandonner, les gars…

– Non, non, Toto ! me lance Yassine. Mon père dit toujours : « Quand on veut, on peut ! » T'as qu'à vouloir, et voilà !

– Mais oui, Toto ! ajoute Olive. C'est ton mental qui compte, il faut que tu sois un gagnant ! Il faut que tu y croies !

Ils sont super chouettes, mes copains, car grâce à eux, je retrouve la pêche. Et j'écris même un super discours. Ça prend du temps, car je griffonne sur plein de feuilles dans un gros cahier trouvé sur

le bureau de mon père. C'est pas facile d'écrire car y a des colonnes et des colonnes de chiffres sur ces feuilles… En plus, mon père me fait les gros yeux car j'ai, paraît-il, gribouillé sur son cahier de comptes ! Mais bon, je m'en sors…

Et le lendemain, je retrouve Yassine et Junior, mes deux gardes du corps, à l'école. Puis, je commence mon discours devant toute la classe. Et là, panique, les mots s'enchaînent tout de travers :

– Euh… voilà, Mesdames et Messieurs, moi, Toto Président, je veux être déglingué de classe, euh non, enfin, bref, délégué de chasse pour être Président de la Réplique ! Avec moi, ce sera mieux qu'avec Najos, euh… Jonaze, pardon, Jonas !

– Je constate que tu es aussi doué en discours qu'en récitation ! me lance Mademoiselle Jolibois en rigolant.

Puis, c'est au tour de Môssieur Muscle. Et pour m'impressionner, il fait des mouvements bizarres avant de bondir sur l'estrade. Évidemment, son chewing-gum de Justine le colle encore…

– Mes chers amis ! Vous m'avez élu l'an dernier… Avez-vous été déçus ? Non ! J'ai tenu mes promesses : plus de sport, le droit à un deuxième ballon et tout et tout…

Eh bien, je ferai la même chose, mais en mieux ! Et comme le dit mon père : « Si t'es pas prem's, t'es le der des ders ! » Et d'ailleurs, c'est valable pour toi, Toto ! Alors, votez Jonas ! Votez la classe !

Et voilà, ce Jonas se moque encore de moi, et moi, je peux rien répondre, car un Président doit savoir rester calme…

– Eh bien, les enfants, dit la maîtresse. Vous avez entendu les deux candidats, je vous propose donc de passer au vote !

Elle fait circuler une boîte et on met tous un bulletin dedans. Jonas et moi, on est impatients et inquiets. Moi, je ronge ma gomme, et lui, il s'éponge le front tellement il transpire !

– Bon ! dit Mademoiselle Jolibois. Nous allons procéder au dépouillement !

Viite ! J'en peux plus, moi ! Ça prend un temps fou de déplier ces bouts de papier !

Quand, enfin, la maîtresse déclare :
– Toto : 12 voix ! Jonas : 12 voix ! Égalité ! Les enfants, on revote après la récréation !
J'suis pas si mauvais que ça, après tout ! Ex æquo avec Jonas, c'est géant ! Seulement, au deuxième tour, mes affaires se gâtent un peu…

– Je suis ravie de vous annoncer que… Jonas sera votre « nouveau » délégué de classe : 13 voix contre 11 ! annonce Mademoiselle Jolibois.
– PREM'S ! s'écrie alors Jonas.
Et là, Justine explose :
– Ouaiiiiis ! Jonas ! C'est trop la classe !
J'suis pas trop déçu, en fait, surtout que Jonas me fait une super offre :

– Hé, Toto, tu veux bien être mon Ministre des blagues ? T'as peut-être perdu, mais tu m'as bien fait rire avec tes propositions ! Impossible de refuser une telle mission ! Et puis, je sais ce que je sais faire ou pas, moi !

– T'as raison, Jonas, on s'est bien marré, mais être délégué, c'est sérieux et c'est pour ça que moi… j'ai voté pour toi au deuxième tour !

2

LA VISITE MÉDICALE

Moi, j'aime bien la récré parce qu'avec mon meilleur ami Yassine et tous les copains, on fait de super parties de foot. Mais aujourd'hui, c'est pas facile de marquer des buts… le concierge de l'école repeint les murs de la cour de récré. Et quand on s'approche, il fait les gros yeux. Et moi, ça me bloque, je tire de travers, et PAM ! le ballon va tout droit sur le mur.

Bravo ! Il est plein de taches le ballon et… le mur aussi ! Je frotte vite avec

ma manche pour le nettoyer quand la cloche sonne. Pfft, c'est trop nul ! Alors, on se met en rang pour monter en classe et on s'installe à nos tables pendant que la maîtresse, Mademoiselle Jolibois, fait l'appel. Il paraît qu'elle a plein de trucs à nous raconter sur l'eau. Et puis, tout à coup, pendant le cours, elle nous annonce avec un drôle de sourire :

– Les enfants, nous allons sagement descendre à l'infirmerie. C'est le jour de votre visite médicale. J'espère que vous avez tous bien bu votre demi-litre d'eau comme l'infirmière vous l'avait demandé.
Je comprends rien à cette histoire d'eau, moi. Heureusement, Yassine, lui, est super au courant.
– Moi, ma mère, elle m'a dit que c'était pour pouvoir faire pipi dans un flacon et comme ça, on voit si tu es en bonne santé. Et si y a pas assez de vitamines, on te fait une prise de sang…

– Oui, ajoute ma copine Olive. Même qu'on te met une aiguille dans le bras pour aspirer ton sang.
– C'est quoi, ce truc, d'aspirer le sang !? ai-je demandé. Tu veux dire, comme les vampires ?!

Je fonce derrière la porte pour me cacher. Pas de chance, l'infirmière me voit... ou plutôt m'entend !
– Allons, Toto ! Un peu de courage ! Prends exemple sur les autres !

Elle parle super fort et en plus devant tout le monde. J'ai trop honte, alors je blague :

– Faudrait savoir ! Un coup faut copier, un coup faut pas copier ! Mademoiselle Jolibois nous dit toujours que c'est pas bien de copier sur ses camarades… Et là, maintenant, vous me dites de copier sur mes copains !

Ça la fait pas rire, l'infirmière, et je sens bien qu'il faut obéir.

Alors, je m'allonge tout de suite sur le petit lit et elle commence à me regarder partout avec ses outils de docteur ! J'ai le cœur qui bat très fort, alors je parle, je parle, je parle sans m'arrêter. Je lui raconte tout ce que je sais sur la santé pour bien grandir. Tous ces trucs que les parents arrêtent pas de nous dire pour qu'on finisse nos assiettes… Surtout quand c'est des légumes verts qui sentent mauvais. Mais ça change rien. Elle continue comme si j'étais pas là. Tout à coup, elle s'approche du tableau blanc où il y a de grosses lettres écrites dessus :

– Bien ! Je vais contrôler ta vue ! Mets ce cache devant ton œil gauche et dis-moi ce que tu vois ! demande-t-elle en me tournant le dos.

– Ben… Une grosse dame en blouse blanche !

Je sais pas pourquoi, mais l'infirmière me regarde de travers… C'est pas de ma faute, si elle se met juste devant le tableau !!! Je peux plus voir les lettres, moi !

– Maintenant, me dit-elle avec de gros yeux, va aux toilettes, fais pipi dans le flacon et après, c'est fini !

Sauf que moi, j'ai pas du tout envie de remplir son flacon ! Elle va sûrement voir que je mange pas assez de légumes et de fruits, et à tous les coups, j'aurais droit à la prise de sang ! Comment faire pour me sortir de ce piège ? Ah ! J'ai une idée…

Quand l'infirmière va décrocher le téléphone qui sonne, ni vu ni connu, je prends tous les flacons posés sur le chariot.

Hé ! Hé ! Je suis malin, moi ! Pas de flacons, pas de test… et pas de test, pas de prise de sang ! Maintenant, il s'agit de faire très attention en traversant la cour pour aller aux toilettes. Tous ces flacons en verre font du bruit dans le sac ! Ouf ! Mission réussie ! Je monte sur la cuvette des toilettes, je soulève doucement le couvercle de la chasse d'eau et hop ! Je cache les flacons dedans.

Et voilà le travail ! Maintenant, je peux tranquillement revenir à l'infirmerie. Personne s'est rendu compte de mon absence.

– Bon, maintenant on va pouvoir faire le test d'urines ! lance l'infirmière. Mais ? Ça alors ! J'aurais pourtant juré qu'il me restait des flacons… Où sont-ils passés ?

J'suis trop content de moi ! Mais attention, je dois surtout pas le montrer. Alors, naturellement, je lui demande :

– Madame, moi je peux partir, alors ? De toute façon, j'ai oublié de boire de l'eau…

– Ce n'est pas grave Toto, il me reste des éprouvettes ! Cela fera très bien l'affaire ! Tiens, prends cette bouteille d'eau et BOIS TOUT !

Quel cauchemar ! Pfft… Je me mets à boire et à travers le fond de la bouteille,

je vois bien que l'infirmière me quitte pas des yeux. Vue de la bouteille, elle est vraiment encore plus grosse.
Maintenant que j'ai tout bu, j'attends d'avoir envie d'aller aux toilettes. Mais ça vient pas. Alors, j'attends, j'attends, j'attends…

Finalement, je commence à me tortiller dans tous les sens juste quand c'est au tour de Yassine.

– Alors ? Ça y est ? T'as fait ton examen de pipi ? me demande Yassine, inquiet.

– Noon, pas encore ! Je me suis fait piéger par la vampire en blouse blanche ! Elle va voir que je mange pas de légumes et elle va m'aspirer le sang !

Il faut que tu m'aides, Yassine ! Je t'en supplie ! Sauve-moi !
Yassine, c'est vraiment un bon copain qui a de chouettes idées. Il m'aide à mettre discrètement le mannequin-squelette de l'infirmerie à ma place dans le lit, puis j'en profite pour m'éclipser aux toilettes ! Et là, je peux enfin faire pipi… mais pas dans l'éprouvette, dans les toilettes ! Aaaaaaaaahhhhh !

Sauvé ! Enfin, presque, car en tirant la chasse d'eau, de drôles de bruits se mettent à résonner. Le couvercle des toilettes saute et tous les flacons que j'ai cachés explosent ! Quelle pagaille… Tout est inondé et du coup, moi aussi !

L'infirmière arrive en courant, elle est très fâchée, et sans dire un mot, elle me ramène immédiatement à l'infirmerie. Elle me fait boire une nouvelle bouteille d'eau en entier, juste quand Olive entre pour faire sa visite. Impossible maintenant d'échapper à la super aspiration de sang du vampire en blouse blanche !
Alors, Olive a une idée de génie et sort son goûter de son cartable :

– Tiens, Toto ! Vite, prends mon goûter ! C'est des tartines à la compote de fraises. Si tu les manges, peut-être que ça fera assez de vitamines pour tes résultats d'urines !
J'avale tout avant le retour de l'affreuse infirmière…
– Bien, j'ai fini avec tes camarades. À nous deux Toto ! me dit-elle d'une voix pas sympa. Alors maintenant, toilettes, braguette et pipi dans l'éprouvette !

Là, pas question de blaguer. Je fais tout ce qu'elle me dit, et dans le bon ordre. Quelques minutes après, je lui tends mon éprouvette. Je la vois disparaître dans son bureau et j'attends.
Je crois que j'ai jamais eu aussi peur de toute ma vie. J'ai les mains mouillées et une boule dans le ventre. Quand j'entends le bruit de ses chaussures sur le sol…
– Eh bien, Toto, c'est négatif sur toute la ligne ! m'annonce-t-elle avec un drôle de sourire.

– Négatif !? De toute façon, j'en étais sûr, j'ai jamais eu de bonnes notes…

- Mais non, mon p'tit bonhomme ! Négatif, ça veut dire pas de maladies ! Tout est normal ! Et donc pas de prise de sang ! Là, la gentille infirmière (oui, maintenant, c'est plus un gros vampire en blouse blanche), j'ai vraiment envie de lui sauter au cou pour l'embrasser ! Mais, je sais pas pourquoi, elle se met à me regarder bizarrement.

– Mais… qu'est-ce que c'est que ces boutons sur ta figure ? Tu ne les avais pas tout à l'heure !? On dirait une allergie ! As-tu mangé quelque chose de particulier ?

– Non, non, m'dame ! Je mange que des bonnes choses, moi ! Des fruits, des légumes, du chou-fleur, des fraises…

– DES FRAISES !!!! Voilà l'explication… Bon, ne t'inquiète pas, ce n'est rien de grave. Un petit cachet fera l'affaire… et bien sûr une prise de sang aussi pour te faire un bilan allergique complet ! Tu vois Toto, comme ça, au moins tu ne seras pas venu pour rien !

3

TOTO 20/20 !

Un jour, à quatre heures, j'ai fait peur à mon papa, tout ça parce que je l'ai un peu réveillé en rentrant de l'école… Je savais pas, moi, qu'à cette heure-ci, il regardait un match de tennis à la télé ! Mais c'était important, fallait bien lui montrer mon carnet de notes…

– C'est pas possible, Toto ! Regarde-moi tous ces zéros ! Y en a plus que dans mon dernier bilan comptable !!!

– Ben oui, Papa, c'est vrai que quand je m'y mets, j'assure !

– Arrête de faire ton zozo, Toto ! Bon, cette fois, je vais t'aider à faire ton devoir et je te jure que tu auras une bonne note !
– Super ! Merci, P'pa ! Bon, pour pas te déranger, je vais jouer au foot avec Yassine !
Papa a pas trop apprécié que je le laisse tranquille, alors, il m'a obligé à rester à côté de lui. Dommage…
Et le lendemain, Mademoiselle Jolibois a failli s'étrangler en ramassant mon devoir de maths.

– Mais, mais Toto…
– Y a une erreur, M'dame ?
– Mais non, Toto… Pas une seule ! C'est un miracle !… Je te mets 20/20 ! Et au premier rang avec Igor !
Pfft… et voilà, je fais rien de mal et la maîtresse me change de place ! Je suis bien, moi, à côté de mon copain Yassine… Du coup, je lui lègue ma collec' de chewing-gums que j'ai soigneusement collés sous mon bureau. Puis, Mademoiselle Jolibois me pousse au premier rang juste à côté d'Igor la grosse tête.

– Prêt pour une bataille ? me lance-t-il. Le premier qui lève le doigt a gagné !
Moi, faut pas me proposer de jouer à des trucs pareils, je dégaine vite ! Seulement, pas de chance, dès que la maîtresse dit « Alors, qui veut ?... », je lui laisse pas le temps de finir sa phrase, je lève le doigt et je crie bien fort :
– Moi, M'dame !
Et la fin de sa phrase, c'est : « ... venir au tableau ? »
Pour une fois que je lève le doigt en classe ! Là, j'impressionne vraiment Mademoiselle Jolibois.

– D'accord, Toto ! Dis donc, on dirait que tu veux devenir une grosse tête comme je les aime !

Elle comprend pas, la maîtresse ! Je veux pas être une GROSSE tête, moi, je veux juste jouer au foot avec mes copains Yassine et Junior !

Dring ! Chouette la récré ! On commence une super partie, quand la grosse main de Mademoiselle Gossein, notre prof de sport, s'abat sur mon épaule, et d'une voix toute douce qui lui ressemble pas, elle me lance :

– Ah, Toto, mon lapin ! Je recrute les meilleurs élèves pour mon spectacle de fin d'année… une pyramide humaine ! Et tu sais quoi ? J'ai décidé que tu en ferais partie !

Ça me fait bizarre quand Mademoiselle Gossein m'appelle « mon lapin », mais j'avoue que je suis super content de faire une pyramide humaine. Hélas, je suis pas ravi longtemps, car elle précise que la répétition aura lieu mercredi…

– Mais… je vais jamais à l'école le mercredi, sauf quand je suis collé !

C'est ce que je dis à Igor qui approche.

– C'est top méga chouette, Toto ! Je fais aussi partie de la pyramide ! Ça te dirait d'adhérer au club des grosses têtes ?

– Mais je l'ai déjà dit ! JE VEUX PAS ! Je veux JOUER AU FOOT avec mes copains !

– Ne t'énerve pas, Toto ! Mais je connais des jeux encore mieux que le foot…

Là, Igor me scotche… Et comme je suis curieux, je le suis à la bibliothèque de l'école. On fait pas de bruit et on fait un gros avion en papier. Le même modèle que sur une encyclopédie ! Il est trop beau, alors, je le lance tout de suite dans la pièce. L'avion fait un super vol plané et je sais pas pourquoi, il atterrit entre les deux yeux de Madame Blanquette :

– AYEUUUH ! crie-t-elle.

Igor et moi, on se cache vite sous une table, mais une surveillante, ça a toujours l'œil…

– Ah, c'est toi, Toto ! Ne t'inquiète pas, c'est pas tous les jours qu'on est premier de la classe !

J'en reviens pas ! C'est bien la première fois que je me fais pas gronder pour une bêtise…

Je viens pas souvent, moi, à la bibliothèque, alors, pendant qu'Igor s'amuse sur l'ordinateur avec un jeu scientifique, j'aperçois un joli globe. Ça ressemble à un ballon, ce truc !

Et hop ! Ni une ni deux, je grimpe sur une chaise, j'attrape le globe, mais pas de chance, il m'échappe des mains, puis rebondit sur la tête d'Igor avant de se casser par terre. Cette fois, Madame Blanquette est bien moins cool…
– Enfin, Toto ! Déjà fatigué d'être bon élève ? Ah, la, la, la, la !

– C'est pas lui, M'dame ! dit Igor. On a voulu consulter la mappemonde pour notre géo et elle est tombée par terre !

Super sympa, mon copain Igor, parce que lui, il a rien fait… Alors, on se tope dans la main, comme le font tous les meilleurs copains du monde !

16 heures : c'est la sortie ! Dès que je rentre à la maison, j'annonce la super nouvelle à mon papa. Et il est si heureux que j'aie 20/20 qu'il en a presque une petite larme !

– Dans mes bras, mon Toto ! me répète-t-il en m'écrasant les côtes. Désormais, je vais t'aider à faire tes devoirs tous les soirs de la semaine !

Pfft… j'comprends plus rien. Quand je

travaille mal à l'école, mon papa me fait pas travailler, et quand je rapporte de super notes, faut que je m'entraîne tous les jours de la semaine ! Et le mercredi, en plus !

– P'pa, aujourd'hui, c'est mercredi et j'ai foot avec…

Je peux pas finir ma phrase. Papa me reconduit direct à mon bureau pour réviser encore et encore, en affirmant :

– Plus tard, mon fiston, tu me remercieras, parce que tu seras astronaute, archéologue ou même expert comptable !

– Mais P'pa, c'est pire que prof de maths, expert comptable ! En attendant d'être un « grand » comme toi, P'pa, n'oublie pas que c'est mercredi aujourd'hui… alors, je peux aller jouer au foot avec Yassine ?
– Non, non, mon champion ! Tu as répétition de pyramide humaine !
Moi, j'suis super déçu et je fais alors plein de choses de travers. Quand j'arrive à l'école, j'ai à peine le temps de dire bonjour à mes copains. Mademoiselle Gossein nous attend et elle a l'air d'avoir une pêche d'enfer…

Elle nous montre tout de suite un dessin représentant une pyramide humaine pour nous expliquer comment on doit se tenir : y a trois enfants à la base, deux au deuxième étage et un au sommet. Puis, elle prend sa grosse voix de militaire :

– Chères recrues, je vous rappelle vos positions : Junior, Justine et Igor, à la base ! Jonas et « Toto mon lapin », au deuxième étage ! Et enfin, Olive, au sommet ! Allez, hop ! RÉPÉTITION GÉNÉRAAALE !

Moi, ça me fait un peu peur qu'Olive aille si haut, c'est pas facile de tenir l'équilibre. Mais ma copine me dit un truc super gentil :

– Avec toi, je ne risque rien, hein, Toto ?

Et elle me fait un gros bisou… Je deviens rouge comme une tomate… et je bredouille :

– Mais euh… Bien sûr, Olive !

Je dis rien, mais, moi, j'suis pas trop rassuré quand je dois grimper pour mettre un pied sur les épaules de Justine et l'autre sur celles d'Igor. Mon copain sent que j'ai peur, car il me lance :

– Courage, Toto ! Après, on se fera des bombardiers en papier méga chouettes !

Il a raison, Igor, c'est super de faire des avions avec des bouts de papier ! Je commence à m'imaginer en train de faire une bataille de missiles avec Igor, quand la voix de chien de garde de Mademoiselle Gossein me ramène vite fait sur terre :

– Olive… EN PLAAAAAAAAAACE !!!

On sursaute tous, c'est pas vraiment le moment... Olive monte vite sur mes épaules.

– Tiens bon, Toto ! J'y suis presque !

Je l'admire, Olive. Elle a pas le vertige !

On est enfin tous en place, face à notre prof de sport, et on essaie de se tenir à carreau.

– MAGNIFIQUE ! NE BOUGEZ PLUS ! Cette pyramide sera ma consécration ! MON CHEF-D'ŒUVRE ! MA HUITIÈME MERVEILLE !

Faut quand même pas exagérer… Quand notre prof s'emballe, elle abattrait des montagnes !
Tout se passe super bien, mais voilà que Jonas se moque d'Igor, tout ça parce qu'il est un intello, et moi, je supporte pas qu'on se paie la tête d'un copain, alors, je le défends pendant que Mademoiselle Gossein prend son appareil photo :
– Hé, Jonas ! Si t'avais la tête aussi grosse

que tes baskets, tu réfléchirais moins avec tes pieds ! En plus, tu tires comme si t'avais bu la tisane de ma Mamie !
Et toc ! Je mouche Jonas et Igor est super content. Seulement, il veut me toper dans la main pour me remercier, et ça fait vaciller toute la pyramide. Du coup, Olive perd l'équilibre ! Alors, je fais tout ce que je peux pour la rattraper… et je réussis ! Bon, d'accord, je fais tomber

tout le monde, mais je sauve Olive ! Elle aussi me remercie… Quant à Mademoiselle Gossein, elle fait trembler les murs tellement elle crie. Faut dire que sa « huitième merveille » est étalée comme une crêpe par terre…

– TOTOOOOOOOOOOOOOOOO !

Mais moi, j'suis trop content de me faire ENFIN gronder ! La grosse tête, c'est pas pour moi ! J'suis rentré hyper soulagé à la maison :

– P'paaaaaaaa ! J'ai une super nouvelle !
– T'as encore eu 20/20, mon champion ?
– Mieux que ça, P'pa ! Je suis redevenu Toto ! Mademoiselle Gossein m'a mis quatre heures de colle chaque mercredi pendant trois mois pour fêter ça !... Bon, mon papa, faut que je file au parc apprendre à Igor à tirer un péno, avec Yassine dans les buts ! Et ça, j'peux pas le rater, hein, P'pa ?
– TOTOOOOOOOOOOOOOOOO!!!

4

« PAPA DE CARNAVAL »

Et voilà… tous les matins, c'est pareil ! Quand mon papa entre dans ma chambre, il me dit :
– Toto, mon lapin, c'est l'heure ! Allez, debout ! Je te prépare ton chocolat !
C'est super chouette qu'il me fasse tout, mon papa le matin, mais s'il me laissait dormir, ce serait encore mieux. Je sais que je traîne trop, que je tourne des heures ma cuillère dans mon bol de chocolat, que j'oublie de bien frotter les molaires du fond. Tout ça, ça énerve mon papa,

mais MOI aussi, ça m'énerve qu'il me répète toujours la même chose, les mêmes mots, TOUS LES JOURS !

– Toto, tu ne peux pas aller à l'école comme ça ! Enfile tes chaussures comme il faut, rentre ta chemise et n'oublie pas ton cartable !

C'est comme ça tout le temps jusqu'à l'école, alors, faut pas s'étonner si ce matin je boude dans la cour de récré.

– Qu'est-ce que t'as ? me demande Olive. T'en fais une tête ?

– J'en ai ASSEZ ! J'en peux plus d'obéir ! « Toto, fais ci ! » « Toto, fais ça ! » Y a des jours où je voudrais pouvoir devenir papa à la place de mon papa, comme ça, c'est moi qui déciderais de ce qu'on fait ou pas…

– Ce serait super, ça ! me répond mon copain Yassine.

On discute mes amis et moi, et qui s'approche ? Mademoiselle Jolibois ! Et elle a tout écouté…

– Eh bien, les enfants, vous allez être contents. C'est bientôt le « jour des fous » !
– Le jour des fous ? C'est quoi ?
– C'est le Carnaval, Toto ! Mais si tu veux en savoir plus, il faudra bien écouter !
Là, j'suis super sage en classe !
– Alors, les enfants ! nous lance la maîtresse. Il y a plusieurs origines au jour des fous, mais l'une d'elles est la célébration de la fin de l'hiver, moment où toutes les fantaisies redeviennent possibles, parce que les beaux jours reviennent !
– Waouh ! Comme sauter à pieds joints

dans les flaques ? Rester en pyjama toute la journée ? Regarder plein de dessins animés à la télé ?
Mes copains aussi ont plein d'idées pour cette journée !
– Comme ne pas se brosser les dents ? demande Igor.
– Comme ne pas faire ses devoirs ? ajoute Yassine.
– Absolument ! répond Mademoiselle Jolibois. Et figurez-vous que ce jour-là, dans certaines civilisations, les parents deviennent les enfants et les enfants deviennent les parents !
Je n'ai jamais entendu une nouvelle aussi géniale ! Mes copains et moi, on crie et on saute de joie dans la classe !
En rentrant à la maison, je demande tout de suite à mon papa :
– P'pa ! P'pa ! J'ai un truc trop bien à

te proposer ! C'est la maîtresse qui nous en a parlé. Pendant une journée, les parents jouent à être les enfants, et les enfants, à être les parents !

– Tu veux inverser les rôles, c'est ça, Toto ?

– C'est ça, P'pa ! Comme ça, tu verras ce que c'est que d'être ton fils...

– Eh bien, d'accord, mon Toto ! De vendredi 18 h 00 à samedi 18 h 00, tu seras mon "Papa de Carnaval" !

– Et tu feras l'enfant ?
– Promis, Toto !
J'suis tellement heureux que je fais un gros bisou à P'pa, mais pfft… Ça passe pas vite, le temps !
– Bon, alors ? Ça fait une heure qu'il est 6 heures moins une !
Ah, enfin ! 18 h 00, c'est pas trop tôt… La journée des fous commence ! Et c'est moi le chef !
– P'pa, c'est l'heure ! À ton tour d'obéir ! Pour commencer, tu vas faire mes devoirs pour lundi, comme ça, ce sera fait !

– Mais ? On n'est que vendredi soir et ce sont TES devoirs, Toto !
– Ben oui, mais si j'attends demain 18 h 00, ce sera à moi de les faire ! Allez, file dans ta chambre et applique-toi !

Depuis que j'suis le papa de mon papa, je trouve que le temps va trop vite… C'est déjà le soir… Et P'pa n'a pas oublié son rôle d'enfant !
– Quand est-ce qu'on mange, Toto ? me demande-t-il. J'ai faim, moi !
Hé, hé, j'ai tout prévu, car juste à ce moment-là, ça sonne à la porte et un livreur nous apporte une méga pizza, un grand soda, une super glace et une mini-salade.

– Voilà, P'pa : pour toi, la salade, et pour moi, le reste !

– Tu vas être malade, Toto, si tu manges tout ça !

Là, je dois remettre les pendules à l'heure avec mon papa. Il ne comprend plus très bien qui fait quoi…

– P'pa, je te rappelle que c'est MOI qui commande jusqu'à demain ! Mais si tu veux manger ce que TU me fais manger d'habitude, il doit rester de la tarte aux épinards et aux brocolis dans le frigo !

Je le vois bien que mon papa n'est pas content, mais tant pis, c'est moi le chef !

Et puisque j'suis le « grand » de la maison, j'allume la télé sans demander la permission. Ça aussi, mon papa a du mal à le comprendre…

– Toto, dans cinq minutes, il y a mon émission qui commence… Et puis, c'est l'heure d'aller te coucher !

– Ah, non P'pa, y a erreur ! Jusqu'à demain 18 h 00, c'est moi qui décide de ce qu'on fait et c'est toi l'enfant qui obéit !

– Et alors ? insiste mon papa.

Là, je trouve qu'il exagère, j'suis donc obligé de lever le ton…

– Alors, TU vas te coucher et MOI, je regarde la télé ! Allez, au lit !

Hé, hé, c'est pas mal d'être parent !!!

Ça y est, on est samedi ! Seulement, P'pa n'a pas digéré d'aller se coucher tôt hier soir, alors, il se venge... et saute sur mon lit comme un fou, alors qu'il n'est que 7 heures du mat' ! Moi, je dormais super bien…

– Bah, qu'est-ce que tu fais, P'pa ?

– Ben, quoi ? me répond-il. Hier soir, tu m'as répété plein de fois : c'est toi l'enfant ! Alors, je te réveille à l'aube comme tu le fais TOUS les samedis et TOUS les dimanches, alors que la semaine, il faut une grue pour te sortir du lit !

Là, mon papa a raison… Un point partout !

J'suis complètement dans le brouillard et voilà que Maman vient nous confier ma p'tite sœur Ninie pour la journée ! Et ça commence mal, car Maman est à peine partie que Ninie se met à pleurer…

– Alors, mon Toto ! me lance Papa. Comme c'est toi le papa, tu vas devoir changer ta sœur. Elle est toute mouillée !

Je ne dis rien, mais je commence à avoir hâte d'être au soir pour me coucher… Hélas, pour l'instant, je pose Ninie sur

la table à langer et lui mets une nouvelle couche. Enfin, j'essaie…

– Arrête de bouger, Ninie !… Ooh, non ! Tu gigotes tellement qu'il faut que je recommence !

– Bah oui, c'est sûr qu'être un parent, c'est pas toujours facile ! me lance encore Papa. Pfft… il m'énerve, mon papa ! C'est pas le moment de se moquer de moi !

Je reprends tout depuis le début… Là… J'y suis presque, j'ai plus qu'à refermer la couche, mais voilà que ma p'tite sœur donne un grand coup de pied dans le lait de toilette !

– Quel dommage ! me dit Papa en rigolant. Ninie est toute mouillée… Mon pauvre Toto, tu vas aussi devoir changer son body ! J'en peux plus… Ninie est enfin changée, mais j'ai mal remis son body, je dois la rhabiller… Et là, j'suis de mauvaise humeur !

– Pas moyen de regarder la télé ! Pas moyen de jouer à la console ! Pas moyen de lire une BD ! Pas moyen de RIEN !

– Ah la la ! soupire mon papa. C'est dur d'être un papa, hein ?
Cette « journée des fous » devient un cauchemar. Voilà que Ninie hurle maintenant comme une sirène ! Une seule solution : la promenade ! J'installe ma p'tite sœur dans sa poussette et zou ! Au parc ! Et c'est génial, car y a tous mes copains ! Je vais enfin pouvoir JOUER

au foot ! J'oublie juste un p'tit détail… Papa me le rappelle aussitôt :

– Euh… Toto, tu es bien le papa, aujourd'hui, non ?

– Hein ? Oui, pourquoi ?

– Parce qu'un papa responsable ne laisserait pas une petite fille de onze mois à la garde d'un autre enfant… Il n'est pas encore 18 h 00 ! Alors, en attendant,

comme c'est TOI le papa, TU gardes Ninie et MOI, je joue au foot !

Là, P'pa, il exagère ! Le foot, c'est trop mon truc, c'est pas juste... Enfin si, c'est juste jusqu'à 18 h 00, mais bon...

J'suis trop fort, car des mamans voient que je garde Ninie, tout seul sur un banc, pendant que Papa s'éclate au foot. Alors, elles lui font les gros yeux, et du coup, il arrête de jouer et va s'occuper

de Ninie à la maison. Moi, je reste à jouer avec mes copains !
À 17 h 58, je rentre chez moi avec Yassine. On a tellement bien joué qu'on est tout plein de boue, sur le maillot, sur le short, et sur les chaussettes !
– Quel match ! Quelle journée ! Ah, ça, c'est la vie !
– T'as raison, Toto !
– Tu devrais essayer le coup du Papa de Carnaval avec tes parents, Yassine ! Ils vont A-DO-RER ! Demande à mon père !
Et là, je propose à mon copain de retourner jouer au foot, quand mon papa m'arrête dans l'entrée :

– Impossible, mon garçon ! Regarde l'horloge : il est 18 h 00 ! Tapantes ! Précises ! Tu as cinq minutes pour être sous la douche ! Et après, tu refais tes devoirs ! Tu ne crois tout de même pas que c'est moi qui vais aller à l'école à ta place, lundi ? Et que ça saute !

– Ooh nooooon ! C'est reparti pour 364 jours complètement normaux !!!

Dur, dur…

5

COMMENT JE M'APPELLE ?

Ce matin, Mademoiselle Jolibois est de très mauvaise humeur, tout ça parce que j'suis arrivé en retard à l'école... Elle s'y fait pas à ça, et pourtant, elle devrait avoir l'habitude, car c'est pareil tous les jours de la semaine... Mais bon, aujourd'hui, ça l'énerve encore plus car j'ai fait rigoler mes copains juste en arrivant en classe.

– Ah, ça vous fait rire, les bêtises de Toto !? lance-t-elle. Eh bien, devoir supplémentaire, à rendre demain matin à la première heure !

Quand la maîtresse se fâche, elle fait pas semblant… Alors, à la récré, on est super embêtés, mes copains et moi. Enfin, surtout moi, car pour la punition, faut expliquer l'origine de nos prénoms.

– Moi, Yassine, c'était le prénom de mon grand-père qui le tenait de son grand-père !

– Et moi, dit Justine, ma mère voulait m'appeler Julie et mon père Martine, alors ils ont mélangé les deux prénoms !

– Eh ben, moi, je sais pas du tout pourquoi je m'appelle Toto.

– Toto, c'est le prénom du chien, dans le film le *Magicien d'Oz* ! me dit Olive pour m'aider.

– Ha ! Ha ! Tu t'appelles comme un chien ! rigole Jonas.

Pfft… Il m'énerve, ce Jonas !

– N'importe quoi, je sais très bien pourquoi

je m'appelle Toto, c'est une raison géniale que j'ai juste un peu… euh… oubliée, c'est tout.

– Ah, ouais ? On parie ? Si tu ne reviens pas avec la preuve que ton prénom est celui d'un humain, tu devras faire six tours de la cour en courant et en pyjama ! Et si tu réussis, c'est moi qui les ferai !

Jonas et moi, on se tape dans les mains pour sceller notre accord, puis je vais direct à la bibliothèque avec Yassine et Olive. Ils sont vraiment chouettes, mes copains, car ils m'aident à chercher dans les livres une explication à mon prénom. Mademoiselle Jolibois est pas loin, mais elle, elle m'aide pas du tout !

– Toto ! dit Olive, en tendant un dictionnaire. J'ai trouvé ! *Toto : vieux mot français appartenant au langage familier et qui signifie « pou ».*

– POU ? Baaah ! C'est pas possible, ça ! Doit y avoir autre chose !
J'suis dégoûté. Je regarde dans plein de livres, et tout ce que je trouve de plus proche de Toto, c'est le mot TOUTOU ! Et manque de bol, Jonas m'entend…
– Ha ! Ha ! T'inquiète, en même temps, tu courras plus vite à quatre pattes ! Un conseil : choisis bien ton pyjama !
J'suis tellement énervé que j'empile encore plein d'autres livres par terre. C'est joli, on dirait la Tour de Pise, seulement,

la mienne s'écroule, et Madame Péchoton, la directrice, arrive à cause du bruit !
– TOTO ! Dans mon bureau !
Quand j'arrive plus tard, à la cantine, j'ai le moral dans les chaussettes…
– Pffft… L'heure est grave, les copains. Madame Péchoton a décidé d'assister à mon exposé demain. Et si je ne réussis pas, elle me donnera une punition dont je me souviendrai toute ma vie !
– T'inquiète pas, Toto ! me rassure Olive. Il suffit que tu réussisses ton exposé.

Tu devrais demander de l'aide à Igor. Il saura peut-être d'où vient ton prénom, lui ! Quelle bonne idée ! Je vais tout de suite le voir !

– Bon, ok, Toto, c'est bien parce que c'est toi ! Mon copain réfléchit très fort. C'est dingue, Igor, il se repose jamais ! Seulement, il a beau faire bouillir son cerveau, la réponse me rassure pas vraiment…

– Écoute, Toto, va falloir être courageux, car à part toi, le seul Toto qui existe… c'est le chien du *Magicien d'Oz*…

– Ooh, noon ! C'est pas possible !!!

– Hé, Toto ! dit Yassine. Ça aurait pu être pire. T'aurais pu t'appeler Kiki, comme le chien du concierge de mon immeuble !

Mince ! Jonas a encore entendu ce qu'on se disait, mes copains et moi, et qu'est-ce qu'il fait ? Il me lance du pain et me dit en rigolant :

– Wouaf ! Wouaf ! Allez, Toto, rapporte la baballe !

Trop, c'est trop ! Je fonce vers lui pour le faire taire et on fait plein de zigzags entre les tables de la cantine.

– Wouafffff ! Wouafffff, Toto ! J'espère que tu ne mords pas, au moins ?
Je sais pas si j'suis un chien, mais je cours super vite après Jonas ! On court partout, dans la cour, dans les couloirs, dans le hall et bingo ! Sur qui, on tombe ? La directrice qui nous crie dans les oreilles :
– DANS MON BUREAU !

Jonas et moi, on a droit à un beau savon, en plus, devant Mademoiselle Jolibois ! Mais j'suis quand même un peu content, car Jonas s'est fait encore plus disputer que moi par Madame Péchoton.

– Jonas, ce n'est pas bien de se moquer du prénom de Toto. Tu sais que ton prénom à toi vient d'un homme qui a été mangé par une baleine ?

– Ha ! Ha ! Une baleine !

Je peux pas m'empêcher de rigoler, même devant la maîtresse et la directrice !

Et dès qu'on sort de son bureau, j'peux pas me taire non plus !
Alors, je crie dans le couloir :
– Jonas s'est fait croquer par une baleine ! Waaah ! Il sent le poisson pané !!!
– Tu vas arrêter oui, TOUTOU ?
Jonas et moi, on se chamaille toute la journée !
Et à la sortie de l'école, dans la voiture, Papa m'explique enfin l'origine de mon prénom. Et là, ça pouvait pas être pire…
– Tu sais, mon Toto, j'ai choisi ce prénom car c'était celui du lapin nain de ma tante, quand j'étais petit. Et je jouais tout le temps avec lui.
– Un LAPIN NAIN ? Mais P'pa ? C'est pas une raison pour donner un prénom de lapin nain à son fils, surtout quand c'est moi !!!

C'est dingue, ça ! Moi, un prénom de lapin ? Y a de quoi être d'une humeur de chien !

J'ai beau rouspéter, P'pa continue à me parler super ému de son lapin…

– C'était toujours moi qui lui donnais ses carottes, mon Toto. Il était tellement mignon avec ses petites quenottes…

Jolies quenottes ou pas, j'ai bien l'intention de me trouver un autre prénom de GARÇON et non de LAPIN !

Dès qu'on arrive à la maison, je me jette sur l'ordinateur et regarde la grosse liste des prénoms : Carlos, Casimir, César…

– César ! C'est pas mal, ça ! Ça m'irait bien, hein, P'pa ?

– Et pourquoi pas Hercule, pendant que tu y es !? Enfin, Toto, ton prénom est très bien !

– Hercule ? Celui qui a les bras musclés comme Mademoiselle Gossein ? Mais elle est géniale, ton idée, P'pa !

J'ai pas de temps à perdre, car demain, c'est juste après la nuit, donc, je m'entraîne pour être un costaud. Vite, je remplis deux seaux d'eau, je saisis le balai, je le glisse dans l'anse des seaux et oh ! hiiiisse ! J'essaie de les soulever comme si c'étaient des haltères !

– Toto ! Laisse ça et va au lit !
– Y a plus de Toto, P'pa ! Je suis Hercule ! Regarde !
Bah voilà, ça devait arriver… Comme Papa ne me laisse pas assez de temps pour m'entraîner à devenir un vrai Hercule, je rate mon coup et je renverse un seau d'eau partout dans la cuisine. Enfin, si elle est lavée, moi, je me prends un méga savon… Et vu la tête de mon papa, je vais vite fait au lit…

C'est le lendemain, et j'suis pas dans mon assiette, car va falloir faire l'exposé devant tous les copains, Mademoiselle Jolibois et la directrice…
C'est Jonas qui commence. Et comme d'habitude, il monte sur l'estrade super à l'aise, et explique son prénom :
– Jeté à la mer par des marins, Jonas est sauvé par une baleine qui va le manger et le recracher plusieurs jours plus tard. Et comme ma mère a toujours aimé les baleines, elle m'a appelé Jonas.
Tout le monde se tait, c'était super bien dit, son truc…
Ça va être à moi. J'ai le cœur qui bat très fort, les jambes qui tremblent, alors j'essaie discrètement de sortir de la classe à quatre pattes, quand bing ! Je me cogne dans les jambes de Madame Péchoton…

– Alors, Toto ? Je suppose que tu n'as rien fait ? Rien préparé ?
– Euh… si, si… euh… voilà…
DRING ! OUF ! C'est la récré ! J'ai encore un peu de temps pour trouver une explication à mon prénom. Mais voilà que Jonas me nargue dans la cour :
– Ha ! Ha ! Les copains ! On va bientôt assister au grand spectacle du jour ! Mi-chien, mi-humain, Toto « Wouaf Wouaf » va faire le tour de la cour en pyjama !

J'ai vraiment la trouille, mais heureusement, Yassine et Olive sont là…
– Ça va aller, Toto, me dit Olive. Faut juste que tu fasses un super exposé !
– Elle a raison ! ajoute Yassine. Personne n'a autant d'imagination que toi, alors tu n'as qu'à inventer un truc sur ton prénom… Mademoiselle Jolibois pourra jamais vérifier !
Grâce à mes copains, je fais bouillir mon cerveau et quand on rentre en classe, je monte sur l'estrade, presque sûr de moi :

– Alors, voilà… Toto s'écrit comme ça se prononce : T.O.T.O. Euh… mes parents m'ont appelé comme ça à cause du grand Toto, ce chevalier gréco-romain de l'ère préhistorique qui a réussi à vaincre les terribles Yerfs, des gigas terrestres invisibles qui menaçaient le monde entier… Il a aussi été le champion toute catégorie en lancer de petits pois et enfin, il a fait le tour du monde à reculons.

Je vais en rajouter encore, quand la maîtresse applaudit avec un grand sourire.

– Bravo, Toto ! Ton exposé est très réussi !

– Vraiment ?

– Mais oui, Toto ! Tu as eu une bonne idée, car tu as arrangé à ta façon l'histoire du premier Toto. Ce Toto-là était l'un des personnages principaux d'une pièce de théâtre et tu l'as joué avec tes propres mots !

J'suis tellement heureux que j'ai super envie d'embrasser la maîtresse ! Et même Madame Péchoton semble pas trop mécontente…

Mais j'ai deux mots à dire à Jonas :

– Alors, comme tu le vois, j'suis pas un chien, mais un SUPER HÉROS de théâtre. Tu sais ce que ça veut dire ?…

Hé ! Hé ! Jonas m'a compris : il enfile son beau pyjama et fait les six tours de la cour ! C'est vraiment rigolo de voir une baleine courir !

6

LA TÊTE À TOTO

Je joue tranquillement au foot avec Yassine dans la cour, quand on voit un drôle d'attroupement. Nos camarades sont tous réunis et on entend Olive dire à ses copines :
– T'as vu sa coiffure ? Ça lui va trop bien !
Yassine et moi, on va tout de suite voir de qui elle parle. En fait, c'est Jonas qui a les cheveux bizarrement coiffés.
– Ben, quoi ! Il s'est juste coiffé avec un pétard, hein, Yassine ?
Là, Olive n'est pas d'accord avec moi.

– Mais non, Toto ! C'est du gel !… Hé, les garçons ! J'ai une idée ! Vendredi, vous venez tous comme ça et le mieux coiffé d'entre vous aura droit à un bisou !

– Un bisou ? Mais Olive, tu vas pas embrasser n'importe qui ?

– Évidemment non, puisque c'est toi qui seras le mieux coiffé !

Et voilà, quand Olive me fait des compliments, je me mets toujours à rougir comme une tomate…

J'suis trop impatient d'avoir un bisou d'Olive, alors, en rentrant à la maison, je demande tout de suite à mon papa :
– P'pa ! P'pa ! Il me faut du gel pour les cheveux, s'il te plaît !
– Mais pour quoi faire ?
– Ben, pour les cheveux ! Jonas a mis du gel et tous les copains vont faire pareil ! On va avoir de super coupes de cheveux !
On dirait que mon papa est contrarié… il fait une de ces têtes !

– Ah… je comprends… Tu veux suivre la mode ? Comme un mouton !

– Euh… oui !

– Toto, crois-moi, ce qui compte vraiment, c'est d'être toi-même.

Là, je comprends rien de ce que dit mon papa…

– Mais, P'pa, Jonas est toujours le même avec sa coupe de cheveux… mais en mieux !

– Toto, je t'explique. Imagine, si demain, un de tes copains arrive avec de nouvelles chaussures, tu voudras les mêmes ?
– Ben, celles avec les lumières, elles sont super ! Y en a avec des roulettes aussi, comme Yassine !
– Mais Toto, c'est SUPERFICIEL tout ça ! Tu n'as rien à gagner à copier bêtement les autres. Tu me remercieras quand tu seras grand !
– D'accord, P'pa, mais en attendant, je peux avoir du gel ?
– NON, Toto !
Je vais dans ma chambre, super déçu et pas content après mon papa. Mais il a dû se rendre compte qu'il avait pas été très clair, car il vient me voir avec une tenue super rigolote et un peu bizarre…
– Toto, tu sais, moi aussi, j'ai été jeune et à la mode !

– Waouh, P'pa ! Géniale, ta perruque avec ce bandeau ! Et ton pantalon trop large en bas ! Pourquoi tu t'habilles pas comme ça tous les jours ?
– Mais Toto, tu vois bien que c'est ridicule ! C'est ma tenue quand j'étais un peu hippie…
– J'adore P'pa !

Mais rien à faire, Papa veut pas céder et refuse toujours de m'acheter du gel…
Le lendemain, je suis encore triste quand je retourne à l'école. En plus, Carole et Olive applaudissent Arnold et Yassine. Ils se sont fait eux aussi une super coiffure grâce au gel…
– Alors, Toto ? me dit Olive. Tu gardes ta nouvelle coupe secrète jusqu'à vendredi ? C'est ça ?

Et voilà, moi, j'ai l'air ridicule avec mes cheveux tout plats… Et comment je vais faire pour avoir les cheveux en l'air, comme mes copains ?

Toute la journée, je réfléchis, c'est pas facile quand on n'est pas habitué… En rentrant à la maison, je demande vite à Papa si je peux lui emprunter des dictionnaires. J'ai une petite idée derrière la tête…

– Des dictionnaires, mon Toto ? me répond-il, super étonné. Je suis content de voir que tu préfères te cultiver plutôt que de te consacrer à des futilités !

J'ai jamais vu Papa dans un état pareil. Il a presque la larme à l'œil !

– Tu prends des gros livres, avec plein de mots dedans ! dit-il tout ému. Ah, mon Toto ! Tu vas peut-être avoir de bonnes notes !

Je sais pas si je serai bon élève un jour, mais ce qui est sûr, c'est que je cours dans ma chambre pour préparer mon invention d'enfer : j'enlève un de mes oreillers et hop ! Je mets les deux dicos à la place. Puis, au moment de me coucher, je me coince des mèches de cheveux entre les deux livres et je me tortille un peu pour mettre du gros scotch. Voilà… les livres ne bougent pas, et moi non plus !

J'ai pas très bien dormi, et au réveil, je dois faire une sacrée gymnastique pour

retirer le scotch des livres. J'ai l'impression que j'ai les cheveux dressés, mais je fonce quand même dans la salle de bains pour vérifier dans la glace.

– Ouiii ! Ça y est ! Là, je suis vraiment moi-même ! J'ai une CRÊTE !!!

J'suis super content… mais pas pour longtemps. Les dictionnaires, c'est peut-être chouette pour apprendre plein de trucs, mais c'est pas génial en coiffure : mes cheveux

sont retombés vite fait. Je pars à l'école avec mon papa, coiffé comme d'habitude… Et quand j'arrive, c'est l'horreur, car tous les garçons ont du gel dans les cheveux et comparent leur technique. J'ai honte, moi, d'être le seul pas comme les autres, alors je mets discrètement la capuche de mon pull sur ma tête et je vais m'asseoir dans un coin de la cour. J'suis pas resté longtemps à me lamenter, car Yassine et Olive m'ont vu.

– Salut, Toto ! me dit Yassine. Ça n'a pas l'air d'aller ?

– Pffft… mon père veut pas que je mette du gel…

– Tu t'en fiches ! Tu mets du blanc d'œuf, c'est tout ! C'est un truc de ma grand-mère : elle faisait son shampoing elle-même !

– C'est vrai ? Avec du blanc d'œuf ?

– Ben oui ! ajoute Olive. Même moi, j'ai un shampoing aux œufs !

– Tu es mon sauveur, Yassine ! Mais si je dis ça à mon papa, il est capable de ne plus acheter d'œufs !

Ah, 16 h 30 ! J'suis enfin à la maison ! Je me faufile dans la cuisine en chaussettes pour pas faire de bruit, j'ouvre le frigo et en sors une boîte d'œufs. Mission réussie !

Je m'apprête à retourner dans ma chambre, mais voilà que P'pa déboule dans la cuisine ! Je cache vite la boîte d'œufs dans mon dos. Ouf ! P'pa n'a rien vu et repart. Je l'entends prendre sa douche, alors, zou ! J'en profite !

1  Je casse les œufs dans un bol sans faire de bruit,

2  je sépare les blancs des jaunes,

3  je verse bien les blancs dans ma gourde avec un entonnoir,

4  j'ajoute un peu de sucre, ça fera encore plus brillant,

5  et je secoue bien pour tout mélanger !

Et voilà le travail ! Ni vu ni connu, tout est prêt !
Le lendemain matin, P'pa n'a pas besoin de prendre une grue pour me tirer du lit ! Je fais tout comme il faut, et je glisse ma gourde dans mon cartable. Je dis au revoir

à mon papa devant l'école et dès qu'il est parti, zou ! Je file au parc voisin et me cache derrière un arbre. Je secoue une dernière fois ma gourde, je verse ma mixture sur mes mains, je les frotte bien et j'étale ma super préparation aux œufs sur la tête. Et… génial ! J'ai une super crête, comme si j'avais mis du gel !

Cette fois, je rentre dans la cour, super fier ! Et mes copains accourent tout de suite vers moi !

– Waouh ! me lance Yassine. Toto, t'es

super cool ! On dirait que t'as au moins… dix ans !

– Héé ! dit Carole. Il a l'air génial ton gel ! C'est quoi, comme marque ?

– Waaah ! ajoute Olive. Totooooo ! C'est toi le plus beau !

Je reconnais que ma coiffure est géniale, seulement, j'ai juste oublié un p'tit détail. En classe, le soleil me tape sur la tête et à force, mes cheveux se mettent à gonfler… gonfler… et je ressemble vite à une méga meringue !

– Whaaa ! rigole Jonas. C'est une coiffure qui explose !

– C'est géant ! disent Yassine et Olive.

Hélas, Mademoiselle Jolibois trouve pas ça géant du tout… Elle me force à aller à l'infirmerie pour qu'on me lave la tête ! J'suis dégoûté. Tous ces efforts pour rien… Quand je reviens en classe, j'ai à nouveau les cheveux tout plats et dégoulinants. J'écoute plus rien, j'ai les yeux dans le vague, quand, tout à coup, ils tombent sur la trousse de Yassine. Et qu'est-ce qu'ils voient ? Un tube de colle ! Si on réfléchit bien, le gel, c'est un peu comme de la colle !? Alors, je prends vite fait le tube de Yassine et j'attends la récré…

Ça y est, j'suis dans la cour. Je me cache un peu des copains et hop ! J'applique tout le tube de colle sur ma tête. Hé, hé, je sens que j'ai les cheveux

droits comme des « i » ! Ils bougent pas d'un millimètre !
Je reviens la tête haute vers mes copains.
C'est Carole qui me voit en premier :
– Waouh ! Le look camouflage ! C'est quoi, cette fois, sur tes cheveux ? De l'engrais ?
– Génial ! ajoute Jonas. Comment t'as fait ça ?
– Toto, tu es le roi du look ! lance Olive. Il n'y a que toi pour inventer ça !
Je comprends mieux pourquoi mes copains n'ont jamais vu une coiffure pareille…

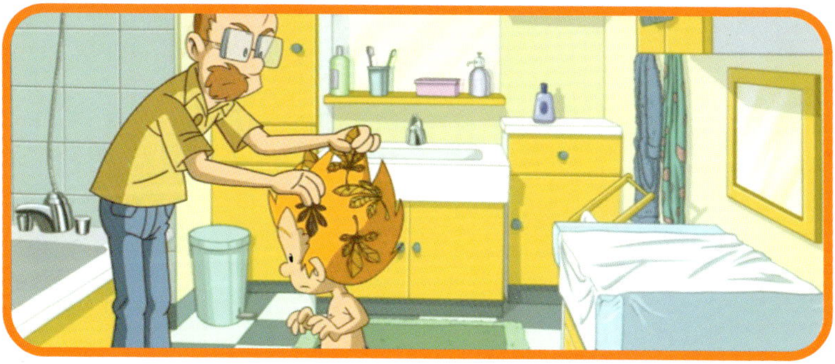

Faut dire qu'il y a eu un coup de vent juste au moment où j'ai mis la colle, et du coup, des feuilles mortes se sont collées sur mes cheveux ! Ça plaît à tout le monde, sauf que Yassine est super inquiet pour moi, car il vient de voir son tube de colle dépasser de ma poche…

– Ça va pas, Toto !? T'as fait ça avec ma colle ? Mais c'est de l'extra-forte ! Ça ne va jamais partir !

Il a raison, Yassine, car une fois à la maison, mon papa essaie de décoller les feuilles de mes cheveux, mais y a rien à faire : tout tient en un bloc !

– Ah la la, Toto ! me dit-il en tirant sur mes cheveux. Mais qu'est-ce qui t'a pris de mettre de la colle ?
– T'as pas voulu m'acheter de gel, c'est bête, hein ?
– Bon, je suis désolé, Toto ! me lance-t-il en tenant sa tondeuse électrique, mais il faut raser tes cheveux !
– Quoi ? Impossible ! JE VEUX PAS !
– T'inquiète pas mon lapin, je te promets que tu seras le plus beau demain. Tu peux me faire confiance !

Ça y est, c'est vendredi, et Papa a été génial ! Super génial ! Et pour faire une méga surprise à mes copains, j'arrive avec une capuche sur la tête.

– Salut, Toto ! me dit Yassine. Bah, alors ? Pourquoi tu portes ta capuche, aujourd'hui ?

– Ben tu sais, la colle, y avait pas moyen de l'enlever, alors mon papa a employé les grands moyens !

– Non ?... Tu veux dire que... Tu as la boule à zéro ? C'est ça ?

Mes copains n'en peuvent plus, alors, je vais leur dévoiler ma méga surprise : j'enlève ma capuche !!!

J'ai peut-être plus un cheveu sur le crâne, mais une grosse perruque !!! Celle que portait mon papa quand il était hippie !

– Wâââââââhhh ! s'exclament tous mes copains.
– C'est parfait ! dit Olive. On a notre gagnant ! C'est Totooooo !
D'habitude, y a qu'Olive qui me fait un bisou, mais aujourd'hui, Carole m'en fait un aussi ! Et moi, je deviens deux fois plus rouge !…

7

LE GRAND JOUR DE FOU

Moi, le basket, j'adore ça ! Alors quand il pleut, je joue dans ma chambre. J'installe la poubelle de bureau au-dessus de la porte et hop ! Je lance le ballon pour faire un panier. Aujourd'hui, je m'applique encore plus car Ninie, ma p'tite sœur, me regarde. Je tends bien les bras et zou ! Mon ballon s'envole… Pas de chance, je rate la poubelle… Et le ballon retombe pile sur la peluche de Ninie.

– Ouinnnnnnnn !

– Pleure pas, Ninie ! Elle a rien, ta poule !

Pour la consoler, je lui propose de lui raconter une jolie histoire. Je connais plein d'histoires de monstres, mais Ninie fait non de la tête…

– O.K., j'ai compris, sœurette. Euh… je sais ! Et si je te racontais l'histoire de ta naissance ?

– Agueuh, agueuh !

Ça, ça veut dire « oui » dans le langage bébé ! Bon, je m'installe à côté de Ninie et je me lance…

« J'étais en train de combattre une plante carnivore, quand Papa s'est précipité dans le salon en chuchotant :
– Toto, je t'ai dit de ne pas faire de bruit ! Tu vas réveiller ta… mince ! La voilà ! »
Trop tard, Maman a surgi à son tour dans le salon avec son gros ventre et… une grosse voix.
– Qui a fait du bruit ?
Papa et moi, on a tout de suite répondu en même temps : « C'est pas moi ! », mais Maman nous a pas crus ! Elle allait continuer à nous disputer quand son estomac a fait des gargouillis…

– Hum !… J'ai très faim ! Je vais me faire un bon sandwich aux sardines !
Aux sardines ? Beurk !!! C'est bizarre, comme idée… Papa m'a tout expliqué :
– Maman a des envies de femme enceinte, c'est souvent comme ça, tu sais, Toto… Bon, je dois aller travailler ! Toi, tu t'occupes bien de ta maman ! Ta mission est de la protéger, compris ?
– Compte sur moi, P'pa ! Je serai le garde du corps avec bébé dedans !
Papa avait à peine fermé la porte que Maman hurlait de la cuisine :
– Jérôôôôôme ! Y a plus de framboises !!!
C'est vraiment bizarre une maman enceinte… Des framboises, en plein hiver !!!
Bon, Papa au travail, ma mission de « garde du corps avec bébé dedans » pouvait commencer ! J'ai retrouvé Maman dans la cuisine.

Elle avait l'air très embêté, car elle arrivait pas à faire fonctionner un drôle de machin avec un nom bizarre : un stérilisateur ! Devant ma tête, Maman m'a expliqué ce que c'était :

– C'est un appareil pour tuer tous les microbes qui pourraient se trouver dans les biberons, mais argh, je n'arrive pas à le faire marcher, ce…

– Laisse, M'man, tu vas te fatiguer ! C'est une mission pour ton garde du corps, ça ! J'ai saisi le stérili-machin-chose, j'ai appuyé sur tous les boutons et voilà qu'il s'est mis à tourner tout seul comme un fou ! Une seule solution : je l'ai tapé sur la table de la cuisine pour l'arrêter et là, c'était pas ma faute… TCHAC ! PCHIIIIT ! De l'eau a jailli partout et le biberon s'est propulsé comme une fusée vers le plafond !

– Bah dis donc, M'man ! Heureusement que ton garde du corps était là…
J'comprends pas, Maman m'a fait les gros yeux…
Tout à coup, DRING ! le téléphone a sonné. Je me suis précipité pour répondre :
– Garde du corps avec bébé dedans, j'écoute !
– C'est toi, Toto ? C'est Mademoiselle Waduna, la voisine du dessous. Tu as encore joué au basket dans ta chambre !!! Mon lustre est tombé sur la cage de mes canaris. Passe-moi tes parents ou je porte plainte à la police !
Maman est arrivée à ce moment-là.

Fallait pas qu'elle sache pour la voisine, alors, j'ai vite inventé quelque chose au téléphone :

– Non, Yassine ! Je peux pas aller au parc aujourd'hui. Je suis garde du corps avec bébé dedans. Ouais… O.K. À demain !

Ouh ! Je l'ai échappé belle ! J'ai vite raccroché avant que Maman se doute de quoi que ce soit ! En tout cas, elle m'a félicité pour mon sérieux et elle voulait même que j'aille rejoindre mon copain au parc ! Là, j'ai un peu paniqué, parce que c'était pas trop la vérité, mais bon… Maman et moi, on est partis prendre l'air, car elle voulait se « dégourdir les jambes ». Et comme Papa m'a dit : « Femme enceinte, jamais tu ne contrarieras ! », j'ai accepté de l'accompagner.

Pfft ! Sur qui on est tombés dans la rue, au premier feu rouge ? Mademoiselle Waduna !

Elle était à vélo et diling ! diling ! elle maltraitait sa sonnette pour que je l'attende. J'ai vite entraîné Maman dans une rue à sens interdit pour que la voisine au lustre et aux canaris me laisse tranquille !

Ouf ! Sauvé ! Hélas, pas pour longtemps, car Yassine et sa mère sont passés en voiture juste à côté de nous ! Fallait vite que je me creuse les méninges, mais les idées sont pas venues…

– Yassine ? Mais, qu'est-ce que tu fais là ?

– On va à la fête foraine !

Et là, bien sûr, Maman a pas bien compris…
– Mais je croyais que tu étais au parc ?
- Ben non… Pourquoi ?

Bouh ! Ça chauffait dans ma p'tite tête ! Je cherchais quelque chose de béton à dire, mais la mère de Yassine a dégainé avant moi…
– Vous pourriez venir avec nous ?
– Oh, non, non, on peut pas. En plus, M'man doit se reposer !
– Allez, Toto, mon chéri ! On ira au parc demain… Et puis, qui dit fête foraine, dit BARBE À PAPA !
Maman avait encore une envie de femme enceinte, et Papa m'avait répété qu'il fallait pas la contrarier… Alors, j'ai obéi…

Maman était toute contente. On est montés dans la voiture de la mère de Yassine. Quand tout à coup, diling ! diling ! Oh non, la sonnette de Mademoiselle Waduna. Elle pédalait comme une folle et arrivait à notre hauteur. Je savais plus trop où me mettre, mais voilà que Yassine lui a tiré la langue ! J'ai cru que la voisine allait exploser de colère : elle s'est mise à pédaler aussi vite que pour le Tour de France, mais sur ce Tour-là, y avait des poubelles, et ça, elle les a pas vues… et BONG ! Elle s'est ratatinée dessus…

On est arrivés à la fête foraine, et ma p'tite maman a pu commander SA barbe à papa ! Je commençais à me détendre, quand diling ! diling ! Oh non, encore la sonnette de Mademoiselle Waduna. À voir sa tête, j'allais prendre un sacré savon.
– Ah, Toto ! Mes canaris… Mon lustre !!! Madame, votre fils joue TOUJOURS au basket dans sa chambre et…
Bah voilà… Faut jamais contrarier une femme enceinte… Et là, Maman était super contrariée.
– TOTO ! Tu m'avais promis d'arrêter !
– Oui, M'man, mais j'ai jamais dit quand !

L'après-midi a été gâché et quand on est rentrés à la maison, Maman était toujours en colère :

– Va dans ta chambre et tu n'en sortiras pas avant d'avoir trouvé une idée pour te faire pardonner par Mademoiselle Waduna !

C'était dur, dur, d'être un garde du corps avec bébé dedans… Et le pire c'est que j'avais aucune idée pour m'excuser. Je risquais de rester dans ma chambre jusqu'à la nuit des temps. Et la nuit des temps, c'est hyper long…

Je réfléchissais quand soudain, Maman m'a appelé de la cuisine, d'une voix désespérée.

– Totoooooooo ! Viens viiiiite !

– J'peux pas ! Ma maman m'a interdit de sortir de ma chambre !

– Tout de SUIIIITE, TOTO ! Je croyais que tu étais mon garde du corps ?

Touché ! Impossible de rater ma mission ! Alors, zou ! J'ai accouru et j'ai vu ma p'tite maman chérie, la main coincée dans l'évier ! J'ai tiré sur son bras, mais…

– Ça marche pas !!! Mais comment t'as fait ?

– Eh bien, euh… j'essuyais la vaisselle en mangeant du chocolat et j'ai fait tomber un carré dans l'évier. J'ai voulu le rattraper et…

Tout à coup, elle est devenue toute blanche.

– Le bébé, Toto… Le bébé va bientôt arriver !

– Hein ? Là, maintenant tout de suite ? Il peut pas attendre un peu ? Bon… Bon… T'inquiète pas M'man, je vais trouver une solution… Euh… attends, je vais appeler P'pa !

Tant bien que mal, j'ai pu composer le numéro de Papa au bureau, mais Bip, bip, bip ! OC-CU-PÉ !

Pas de temps à perdre ! J'ai couru chez la voisine et j'ai appuyé comme un fou sur la sonnette.

– C'est moi ! Toto !

– Je le vois ! Quelle bêtise as-tu derrière la tête ?

– C'est pas le moment de plaisanter ! Le bébé arrive et ma maman est bloquée dans l'évier !

– Et pourquoi pas dans la cuvette des toilettes pendant que tu y es !!! Tu ferais mieux de rentrer chez toi, Toto !

– Mais c'est sérieux ! Ma maman est vraiment coincée dans l'évier et au travail de mon papa, ça sonne occupé, et moi, je suis un garde du corps avec bébé dedans !

J'ai dû être convaincant, car la voisine au lustre m'a suivi et a débouché l'évier en un rien de temps... Y avait de l'eau un peu partout, mais Maman a pu récupérer son carré de chocolat !

– Bon, M'man, t'inquiète de rien ! J'ai réussi à avoir Papa et j'ai téléphoné à l'ambulance ! Contrôle total de la situation !

Avec tout ça, Mademoiselle Waduna avait même pas perdu la mémoire...

– Pour t'excuser, Toto, tu viendras nettoyer la cage de mes canaris, une fois par semaine pendant deux mois.

– Mais ils ont quel âge, vos canaris ?

– Euh... six ans, pourquoi ?

– Six ans !? Et ils sont toujours pas propres !? Bah dis donc...

TU-LU-LUT ! TU-LU-LUT !
L'ambulance est enfin arrivée. Les infirmiers ont allongé Maman dedans et on s'est tous retrouvés à l'hôpital.
Papa est arrivé en trombe. Il a enfilé vite fait une blouse et a rejoint Maman dans une salle spéciale bébés. Moi, j'attendais dans le couloir avec Mademoiselle Waduna, quand on a entendu un cri super aigu et super long :
– OUINNNNNNNNNN !
C'était ma p'tite sœur, MA Ninie à moi ! J'étais tellement heureux que j'ai sauté dans les bras de la voisine ! »

– Voilà, ma Ninie ! C'est à partir de ce moment-là que j'ai décidé de devenir ton grand frère préféré ! C'est fini, Ninie. C'était l'histoire du premier jour de ta vie ! Moi, je suis très ému de raconter cette belle histoire à ma p'tite sœur, mais je sais pas si elle a tout entendu, car elle s'est endormie.

8

QUAND JE SERAI GRANDE...

Aujourd'hui, j'ai décidé d'aider Maman à ranger de vieilles affaires dans le garage. Enfin, elle m'a tellement supplié que je me sens un peu obligé… Tout à coup, dans l'un des cartons, je vois des patins à roulettes ! Alors, hop ! Je les enfile.

– Dis donc, Toto ? On n'avait pas dit que tu devais m'aider ?

– Euh… non, non. On avait dit que tu devais m'aider à jouer ! En plus, ils sont super tes vieux patins à roulettes, M'man. Regarde ça !

Je roule sur un pied, en arrière, un pro du patin quoi, et là, je vois ma maman avec plein d'étoiles dans les yeux…

– Ah, mes disco rollers… C'est vrai qu'ils étaient « total funky » ! Avec eux, j'étais la reine de la piste !

Ça me donne des ailes ! Moi aussi, je veux être le roi du roller. Alors, je ferme les yeux et patine, mais oooh, oooh… je perds l'équilibre et Bing ! Je fonce sur Maman et on tombe tous les deux sur les cartons.

Ranger, ranger, j'en ai assez, moi ! Je vais pour déposer les patins de Maman dans un carton, quand j'aperçois une vieille carte au fond. J'suis pas curieux, mais quand même ! Alors, je l'ouvre : ça alors, c'est Maman qui l'a écrite !

Je m'appelle Sylvie. J'ai 8 ans et les rêves que je veux réaliser quand je serai grande sont : avoir un petit cochon d'Inde gris, un grand prince charmant et ***surtout*** *mon plus grand rêve, ce serait de devenir la plus grande danseuse disco sur rollers de la galaxie toute entière !*

Disco ? Qu'est-ce que c'est ? Je regarde ce que ça veut dire sur l'ordinateur. *Disco : musique des années 70 au tempo rapide et se jouant essentiellement dans les boîtes de nuit.* Heureusement qu'il y a une vidéo pour que je comprenne mieux ! Waouh ! Deux danseurs gesticulent sous une énorme boule qui envoie plein de lumières sur la scène. C'est rigolo, car ils sont tous habillés avec des chemises orange et des pantalons hyper serrés en haut et hyper larges en bas. On dirait des pattes d'éléphant, leurs trucs ! En tout cas, même si les danseurs ont une drôle de tenue, ils dansent super bien ! C'est trop classe, le disco ! J'comprends que Maman aime ça !

En arrivant à l'école, je raconte tout à Olive et Yassine. Mais Olive comprend pas trop…

– Bah… Une maman, c'est pas une star !

– Mais y a plein de stars qui sont mamans ! Et si c'est son plus grand rêve, je DOIS l'aider à le réaliser !

En me voyant danser dans la cour, Yassine et Olive commencent à y croire, au rêve de ma maman et à la surprise que je veux lui faire ! Ça tombe bien !

Demain, y a pas école et Olive et Yassine viennent dormir à la maison. Alors, on se retrouve tous les trois dans ma chambre et je leur explique mon plan :

– Bon, les copains ! Étape 1 : transformer entièrement cette pièce en salle de danse disco. Étape 2 : répétition de la chorégraphie de M'man pour l'étape 3, le casting ! Et pour l'étape 4, euh… on verra après l'étape 3 ! Compris ?… Alors au boulot !

Pour l'étape 1, on déballe tout notre matériel : on a de la peinture violette, jaune, bleue et orange, ça sera super joli sur les murs ! Pfft… Ça muscle de passer le rouleau, mais qu'est-ce que je ferais pas pour ma p'tite maman ! Puis, on coupe plein de formes sur des cartons et on fait des collages aux murs. C'est trop beau, y a des étoiles partout ! Voilà, l'étape 1 est terminée. Ma chambre ressemble vraiment à une salle de spectacle !

– Bravo, les amis ! Y a pas mieux comme salle de répet', hein ? Et si on la montrait à Maman ?
Alors, j'ai crié bien fort :
– M'MAAAAAAAAAAAAAAAAN !

Ça a marché, je l'entends monter l'escalier ! Mes copains et moi, on se tient prêts, derrière la porte de ma chambre…

– Quand tu veux me parler, Toto, tu viens me voir. Ce n'est pas compli…
– SURPRIIIIIISE !
– TOTOOOOOOOOOOOO !
J'comprends pas pourquoi Maman crie, elle est pourtant super jolie ma chambre, comme ça !?

Et voilà que Fabrice arrive en grommelant :
– Qu'est-ce qu'il se passe encore ?... Nonnn ! C'est pas vrai ! Vous avez repeint toute la chambre !!!
– Eh ouais, comme des grands !
– Écoute-moi, Toto ! Je dois aller à mon dîner de travail, mais on en reparlera demain, à la PREMIÈRE HEURE !
Pfft... Les adultes, ça comprend pas toujours les enfants... Je me tourne vers Maman :
– On voulait te faire répé...
– Plus un mot, Toto ! Tu me ranges tout ça et tout de suite !

C'est pas la joie à la maison... Le soir, on va vite se coucher avec les copains. Mais dans la nuit... je me lève encore endormi. Seulement, quand je frappe à la porte de la chambre de Maman et de Fabrice...

– Hein ? Quoi ? Qu'est-ce que c'est ?

– C'est moi, Toto !

Et Maman me demande :

– Mais qu'est-ce que tu veux, Toto ?

– Ben, vous avez dit qu'on en reparlerait à la première heure ?

Là, j'entends la grosse voix de Fabrice qui répond :

– Et ALORS ?

– Bah alors, à mon réveil, il est exactement une heure du matin ! Vous êtes en retard !

– Totoooo ! AU LIIIIIIIIIIIIT !
C'est pas juste ! Les grandes personnes font jamais ce qu'elles disent !!! Enfin à l'aube, Yassine, Olive et moi, on rallume l'ordinateur et je dis un peu agacé :
– Bon, puisque M'man veut pas s'entraîner, on passe directement à l'étape 3 du disco plan : le CASTING ! pour faire d'elle la plus grande danseuse disco sur rollers de l'univers ! Regardez ! J'ai vu cette annonce :
Urgent. Casting. Recherche jeune femme sachant bien danser pour tournage télévision.
– Mais, Toto ? C'est pas indiqué « disco » !?
Et si ta mère ne veut pas faire le casting ?
Elle a raison, Olive… Je réfléchis encore et encore… Voyons… Pour le disco, c'est pas grave, mais faut absolument que je trouve un truc pour que Maman aille à ce casting…

Ah, déjà, faut qu'elle retrouve sa bonne humeur, donc on prépare un méga petit déjeuner, mes copains et moi. Et dès que Maman arrive dans le salon, Yassine annonce :

– Le déjeuner de Madame Sylvie est servi !

– C'est pour vous faire pardonner pour la chambre ?

– Euh… non, M'man ! C'est juste que, tiens, lis ça… C'est une invitation du fils du directeur du théâtre EN PERSONNE, pour son anniversaire déguisé. J'avais oublié de te prévenir… Euh… tu voudrais bien nous accompagner ?

– Vous plaisantez ? Après votre énorme bêtise d'hier ?
Là, faut vraiment que je trouve un truc en béton…
– Euh… en plus, faut être déguisé tout en disco ! C'est rigolo, non ?
Bingo ! À voir la tête de ma p'tite maman, c'est dans la poche !
– Ah oui ? En disco ? O.K. les enfants, on y va ! Pour les déguisements, je dois avoir tout ce qu'il faut… Ne bougez pas !

Yassine, Olive et moi, on est super contents… même si j'suis privé de télé et de console pendant deux semaines pour avoir repeint ma chambre !

Je pensais pas que Maman serait allée aussi vite pour enfiler sa tenue disco ! Ça lui va super bien, même si avec ses grosses lunettes, on dirait une mouche… Moi, ma perruque afro est géniale, mais j'espère quand même ne pas croiser Jonas dans la rue !

J'suis pas trop à l'aise dans mes baskets quand on arrive au théâtre, car j'pensais pas voir Madame Blanquette, la surveillante de l'école ! Elle attend avec une autre dame pour le casting. Et la voilà qui se met à parler à Maman…

– Alors comme ça, vous êtes danseuse, vous aussi ?

– Euh… non ! Je viens juste pour la fête déguisée. Mais, excusez-moi, Madame Blanquette, vous n'aviez pas une tenue plus disco ?

Mais voilà que Madame Blanquette parle de casting et là, c'est la catastrophe…

Tandis que Madame Blanquette et l'autre dame font leur essai, moi, je dois vite trouver une idée pour l'étape 4 de mon plan, car Maman veut repartir au plus vite ! Alors, je lui raconte tout :

– Écoute, M'man. Tu veux plus être la plus grande danseuse de disco à rollers de la galaxie ?

– Comment ça ?

Alors je sors le grand jeu, enfin, la carte qu'elle avait écrite quand elle était petite.

– Tiens, M'man, tu reconnais ça ?

– Oh, ma liste de « Quand je serai grande... » ! J'avais... j'avais oublié !

Puis, mes copains en rajoutent pour m'aider. Olive la première !

– Toto voulait vous aider à réaliser votre plus grand rêve !

Et Yassine…
– Le plus grand rêve « total funky » de quand vous serez grande !
Ouf ! Maman craque complètement !
– C'est très gentil les enfants, mais c'était il y a si longtemps… Je n'ai pas dansé depuis, pfft…
– Faut que tu le fasses, ce casting, M'man !
Tu vas danser le disco, comme avant !
Alors, pour la convaincre, mes copains et moi, on se met à le danser, mais mal, bien sûr, et…
– Ce n'est pas comme ça, les enfants !
Attendez, je vais vous montrer !

Ouais ! C'est gagné, Maman danse ! Alors, pour faire encore plus ambiance, je sors vite de mon sac à dos les vieux rollers que j'ai pas oubliés !

Et là, on peut plus arrêter Maman ! Elle tourne, fait des sauts et roule même sur le haut des fauteuils ! Nous, on se contente

de se déhancher et de lever nos index comme les pros du disco ! Et on est tellement pris dans la danse et la musique, qu'on fait pas attention quand le directeur de casting pointe le bout de son nez. Il applaudit et dit, ravi :

– Je vous engage !!!

Moi, j'suis drôlement ému et Maman aussi… Et dès qu'on rentre à la maison, elle annonce la grande nouvelle à Fabrice :

– Une nouvelle carrière s'offre à moi, tu te rends compte ?

Fabrice a pas l'air de comprendre tout ça. Le disco et lui, c'est du vieux, du très vieux. Mais quand le téléphone sonne, Maman, elle, est redevenue toute jeune... C'est le directeur de casting qui l'appelle EN PERSONNE !

– Je dois signer mon contrat ?... Mais OUI, BIEN SÛR !... Une exclusivité pour le monde entier ? OUI, OUI, OUI ! J'suis le plus heureux des petits garçons ! Ma maman à moi, une danseuse dans le monde entier ? Je perds pas une miette de la conversation qui continue :

– Oui… pour être la prochaine égérie d'une campagne de publicité pour une très grande marque de… de quoi, dites-vous ? De papier toilette ???

J'ai tout compris… et Maman aussi…

– Euh… Bon… je vous laisse… j'ai trois contrôles pas du tout funky pour demain !

Je vais dans ma chambre et me bouche les oreilles, car la « douce » voix de Maman ne cesse de crier :

9

NOM DE CODE : F.A.B.R.I.C.E

Aujourd'hui, c'est un grand jour… c'est la fête des Pères et ça, je l'ai pas oublié ! Alors, je demande à Papa de fermer les yeux, le temps que je lui apporte mon cadeau à table. J'arrive aussi avec un gros gâteau et je lance, tout content :

– Bonne fête, Papa !

– Qu'est-ce que ça peut être ?… Un super bulletin avec la moyenne en maths ?

– Bah non, P'pa, c'est la fête des Pères, pas la Saint Glin Glin !

En tout cas, quand Papa ouvre son cadeau, il a l'air super heureux…
– Waouh ! Un tapis de souris en forme de gruyère ! Merci, mon Toto, quelle bonne idée, le mien était tout troué !
Moi aussi, j'suis content de faire plaisir à mon papa !
C'est déjà le soir, et Fabrice vient me chercher en bas de chez Papa pour passer la semaine avec Maman et lui. J'aime bien Fabrice, il est chouette avec moi…

– Ça va, Toto ? Tu as passé une bonne semaine avec ton père ?
– Ouais ! Et je lui ai fait un super cadeau !
– Il en a de la chance !
– Et toi, t'as eu quoi ?
– Bah rien, Toto ! C'est la fête des Pères, pas des beaux-pères ! Je ne suis le père de personne…
Zut ! J'ai fait une gaffe… Je saute au cou de Fabrice et lui dis :
– T'es le père de personne, mais t'es le super beau-père d'un super garçon ! Tu sais, il faudrait inventer une fête des deuxièmes papas ! Comme ça, je pourrais te faire un cadeau !

Je trouve mon idée super chouette, alors le soir, dans mon lit, je réfléchis bien fort en secouant ma tirelire. Ça doit me faire chauffer le cerveau, cette histoire de fête des deuxièmes papas, car toute la nuit, j'ai rêvé que j'offrais plein de cadeaux à Fabrice !

En arrivant à l'école, le lendemain matin, j'en parle à mon copain Yassine :

– Ça serait normal qu'on fasse la fête des deuxièmes papas, non ? Comme ça, on pourrait aussi avoir la fête des frères, des sœurs, des tontons et des Toto !

– T'as raison ! Et tu vas lui offrir quoi à Fabrice ?

Yassine et moi, on se creuse la cervelle, quand tout à coup, je vois Junior passer en rollers… Et ça, ça me donne une vraie bonne idée !

– Je sais ! Je vais lui acheter des baskets à roulettes pour qu'il rentre plus vite du travail ! Bon, je t'invite mardi soir à dormir et on met notre mission au point !

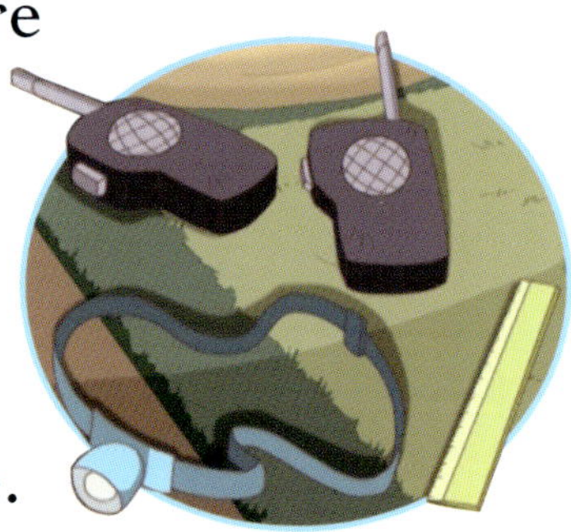

C'est long d'attendre mardi, mais ouf ! Ça a fini par arriver ! Avec Yassine, on se cache dans ma chambre.

– Écoute bien, Yassine. Le code secret de la mission, c'est : F.A.B.R.I.C.E. T'as compris ?

– Ha ! Ha ! Hyper discret, le code !

Yassine m'a vexé, mais quand je lui montre ma panoplie d'espion, à savoir deux talkies-walkies, une lampe de poche frontale

et une règle, là, il rigole plus du tout !
– Alors… Il faut d'abord trouver la taille des pieds de Fabrice !
– On a qu'à lui demander, Toto !
– Et puis, on a qu'à lui dire que je lui prépare une surprise aussi ?
– Mais oui… Ça va lui faire plaisir !
– Excuse-moi, Yassine, mais t'as oublié ton cerveau chez toi, ou quoi ? C'est une SURPRISE, donc on dit RIEN ! Bon, demain, opération pointure et couleur préférée de Fabrice !

Ça y est, on est mercredi matin, et Yassine et moi, on se faufile dans le couloir, sur la pointe des pieds.
– Fabrice est sous la douche ! Alors, voilà ce qu'on va faire : je vais m'allonger par terre dans la salle de bains pour mesurer la taille de ses chaussons. Et toi, tu me tiens bien les pieds et tu me tires vite en arrière s'il sort de sa douche, O.K. ?
– O.K. !
Tout se passe comme prévu, mais voilà que mon beau-père cherche de la main sa serviette pour se sécher… Il tâtonne, et prend ma tête pour la serviette !

– Toto, qu'est-ce que tu fais là ?
– Ben... euh... Rien... je cherchais ma règle... Ah, la voilà !

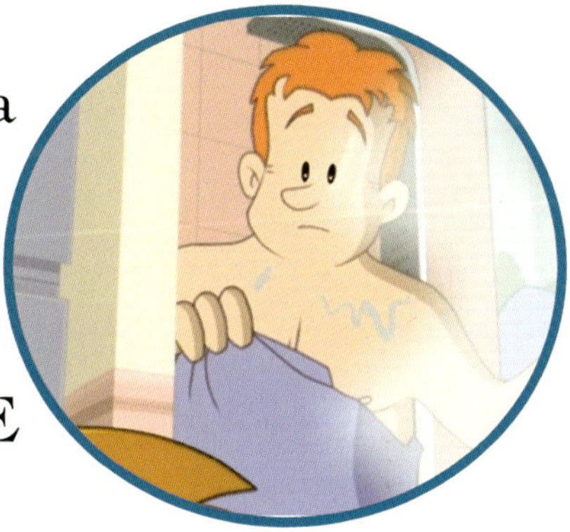

– Ta règle ? Dans la salle de bains ?
C'est la catastrophe... faut que je trouve QUELQUE CHOSE d'intelligent !

– Bah oui, c'est parce que j'ai mesuré la hauteur du niveau, euh... de la mer... dans mon bain pour comparer avec...

Heureusement, Yassine me tire enfin dans le couloir avant que je chavire ! On a échoué, Yassine et moi, mais on a pas dit notre dernier mot !

On est à table avec Maman et Fabrice pour le petit déjeuner. Je fais un clin d'œil à mon copain et illico ! Il fait tomber sa cuillère exprès par terre.

– Ne bouge pas, Yassine ! Tu es mon invité, je vais la ramasser !

Et hop ! Je me glisse sous la table, je sors discrètement ma règle du T-shirt et je m'approche des pieds de Fabrice. Je commence à mesurer, quand…

– Haaaa ! Hiiii !

Oh, nooon ! J'avais oublié que mon deuxième papa était chatouilleux ! Et voilà Maman qui regarde ce que je fais à quatre pattes sous la table !

– Tu en as pour longtemps, Toto ?
– Pfft… Impossible de trouver cette cuillère, M'man ! Mais, j'suis super content, car j'ai retrouvé ma règle… Je l'avais reperdue !
Je sais pas si Maman m'a cru… mais moi, je fais un clin d'œil à Yassine et lui dis :
– T'as fini ta tartine de confiture ? Faut qu'on parte plus tôt aujourd'hui !
Ouf ! J'ai pu prendre discrètement le pot de confiture et Yassine me suit enfin ! Ça m'ennuie un peu, car Maman se doute de quelque chose… Mais bon, on sort de la maison et on se cache en attendant que Fabrice parte au travail.

– Cible en vue ! Opération chaussures à la confiture !
On met vite plein de confiture sur le trottoir et on se cache derrière des buissons…
– Et maintenant, Yassine, on attend qu'il mette le pied dedans et hop ! On aura son empreinte…

On a un peu le cœur qui tape, Yassine et moi…
Fabrice s'approche des taches de confiture, mais, oh non ! Il slalome bien autour !
– Mission en péril, Yassine ! Faut arriver avant lui à son bureau !
On court, on court et ouf ! On est pile poil devant l'immeuble du bureau de Fabrice. Et quand je vois un monsieur qui repeint un mur, j'ai une super idée :

– Yassine ! Faut que t'éloignes cet artiste le temps que je lui prenne son pot de peinture !

Super ! Mon copain dit que son ballon est coincé dans un arbre ! Je saisis la peinture et SPLASH ! Au moment où Fabrice passe, j'en lance plein par terre !... Et aussi sur ses chaussures... J'ai beau partir en courant avec Yassine, on a été repérés...

– Mes chaussures !!! Totoooooo ! Tu ne perds rien pour attendre !

Une fois à la maison, j'enfile ma tenue d'espion : masque de plongée, lampe frontale, palmes et bien sûr, mon talkie-walkie. Puis je vais dans le placard à chaussures de Fabrice pendant que Yassine surveille le couloir.

Waouh ! Mission accomplie ! J'ai enfin une chaussure en main… et ma règle ! Yassine a l'air étonné…

– Mais ? Pourquoi tu veux mesurer ? C'est pas écrit dessous, la pointure ?

– Non… Ce sont des chaussures anglaises, ils ont pas les mêmes pieds que nous ! Là, voilà… Il fait du 32… Comme moi, c'est dingue, ça !

Alors, maintenant qu'on a la bonne pointure, y a plus qu'à téléphoner à Fabrice sous un faux nom pour savoir sa couleur préférée ! Yassine et moi, on parle avec de drôles d'accents. On s'applique super bien, mais mon deuxième papa est trop fort, il m'a quand même reconnu ! Et pas de chance, Maman a entendu toute la conversation… Elle est en colère et appelle vite Fabrice. Pfft… Ça va chauffer pour moi ce soir…

En attendant, Yassine et moi, on continue notre mission, car on connaît la pointure et la couleur préférée de mon deuxième papa : le rouge ! Alors, ma tirelire sous le bras, on file dans un grand magasin qui vend de super baskets à roulettes... Seulement, ça roule pas comme je veux...

– J'suis vert, Yassine ! T'as vu, elles étaient trop belles, ces baskets à roulettes, rouge tomate ! J'pensais vraiment avoir assez d'argent...
– Ouais... 74 centimes d'euros, t'as pas de chance ! Il manquait à peine... 99 euros et 16 centimes !
Cette fois, je rentre tout seul à la maison et dès que j'arrive, Maman me tombe dessus.

– Alors, quel est le problème avec Fabrice, Toto ? Le coup de fil à son bureau ? La fouille de son placard ? Votre petite escapade, Yassine et toi ? Qu'est-ce que tu prépares comme mauvaise blague ?
– Moi ? Mais, euh… C'est une surprise, M'man !
– Une surprise ? Je ne suis pas sûre qu'elle soit bonne ! Alors, va dans ta chambre et n'en bouge plus jusqu'au retour de Fabrice !
Je monte dans ma chambre, mais j'ai un peu le cafard.
– Pfft… Plus de cadeau pour mon deuxième papa…

Je tourne, je vire entre mes quatre murs, quand j'aperçois une photo de Fabrice et moi à la mer, sur un catamaran… Et là, bingo ! Ça me donne une idée d'enfer !

Alors, quand j'entends Fabrice dire : « Ouh-hou ! C'est moi ! » en entrant dans la maison, j'enfile ma lampe de poche frontale, je saisis ma petite bouteille d'eau, je descends à pas de loup dans le salon, puis j'éteins toutes les lumières. J'accours en face de Fabrice et de Maman et me mets à chanter une chanson de marin, écrite de mes p'tites mains :

Fabrice, t'es Fab !
Une haleine de baleine…
T'es le roi de la pêche aux thons
Sympa comme un trois-mâts
T'es beau comme un bateau
Mais j'taime !

Ah, enfin, Maman sourit et Fabrice aussi… Alors, je saute dans les bras de mon beau-père.

– Bonne fête au super deuxième papa que j'adore ! Alors, t'es content ?

– Je ne suis pas content, je suis touché… coulé !

Il est rigolo, Fabrice ! Il dit toujours des trucs qui ont un rapport avec la mer !

10

LE POULET PÉDAGOGIQUE

On sonne à la porte. Je cours ouvrir, et qui c'est ?… Mamie ! J'suis tellement heureux de la voir ! Elle est venue parce qu'elle a une surprise pour moi…

– Papa t'a dit que j'avais gagné le concours « Plusprop' » ? Faut dire que depuis le temps que je lave mon linge avec cette lessive, ils me doivent bien ça !

Ça alors ! Papa m'avait rien dit ! Et là, il arrive avec deux tickets d'entrée pour le parc « Monsieur Incorrigible » !!! C'est mon héros, lui !

J'suis tellement surpris que Mamie doit tout m'expliquer :

– Oui, mon chéri, j'ai gagné une semaine pour deux à l'hôtel « Incorrigible », en plein milieu du parc « Monsieur Incorrigible » et je voudrais t'y emmener !

– C'est… C'est pas possible !? Au parc « Monsieur Incorrigible » ? Avec « la Fusée Interstellaire » ? « La Cité des Robots » ? « Le Piège des Galaxies » ? Oh, Mamie, c'est le plus beau jour de ma vie !

J'suis si heureux que je lui saute au cou.

Seulement les miracles, je savais bien que ça existait pas, car Papa ajoute :
– Content que ça te fasse plaisir Toto, mais si tu veux aller au parc, il va falloir que tu nous rapportes autre chose que des zéros sur ton bulletin de notes…
– Vous voulez pas que des 10/20, tout de même ?
– Non, mais disons qu'un 10/20 serait déjà pas si mal… Alors débrouille-toi pour en avoir un d'ici à vendredi et tu iras au parc avec Mamie !
Quand Mamie voit ma tête, elle essaie de me remonter le moral…
– Ça t'est déjà arrivé d'avoir une bonne note !?
– Ben, oui, mais c'était Papa qui avait fait le devoir !
Il est rigolo mon papa, il croit que c'est facile d'avoir un 10/20…

Déjà que l'école c'est pas mon truc, mais là, j'ai carrément mal au ventre en entrant en classe. Et quand j'ai le trac, je dis encore plus de bêtises… Pfft… Voilà Mademoiselle Jolibois… Mais, qu'est-ce qu'elle fait avec une poule ?

– Les enfants, je vous présente Aglaé. C'est une poule. Une poule qui pond des… des… Toto, réponds !

– Ben, des bonnes notes ?

J'comprends pas que la maîtresse me pose des colles quand je pense à autre chose ! Et la voilà qui me parle encore de sa poule :

– Non, Toto ! Jusqu'à preuve du contraire, une poule pond des œufs. Je te présente donc Aglaé, une poule rousse : elle est de la famille des gallinacés et elle peut pondre jusqu'à six œufs par jour !
– Ah bon ? Et elle les met en boîte elle-même ?
– Non, Toto. Les poules ne savent que pondre et picorer, et elles n'ont pas de mains ! Il faut s'occuper d'elles ! C'est le travail pratique que je vous ai préparé : vous occuper d'Aglaé à tour de rôle. Qui veut commencer ?
– Ça compte pour une bonne note ?
– Bien sûr, Toto !

Génial ! Enfin une occasion d'avoir une bonne note ! Ça doit pas être sorcier de s'occuper d'une poule ! Le plus dur, c'est de convaincre la maîtresse de me choisir MOI, car Igor veut commencer lui aussi ! Mais j'ai tellement bien levé mon doigt que Mademoiselle Jolibois a failli l'avoir dans le nez !

– Euh… d'accord, Toto ! Pour commencer, tu vas construire un petit poulailler pour Aglaé avec l'aide de tes camarades !

Ils sont super mes copains ! Yassine, Jonas et moi, on fait une sorte de petite niche avec des planches et Olive peint

le toit en rouge. Et puis, je mets plein de paille pour que ce soit bien doux.
– C'est parfait, les copains ! Attendez ! Je vais ajouter un jouet et des bonbons… Voilà, Mademoiselle Jolibois ! Vous pouvez venir voir !
– Oh, Totoooo ! C'est très mignon mais une poule n'a pas besoin de jouets ! Et, qu'est-ce que c'est, ça ? Des bonbons ? Toto… tu sais, une poule a surtout besoin d'une bonne alimentation. Je ne suis pas sûre que le sucre…

Quand Mademoiselle Jolibois prend Aglaé dans ses bras, la pauvre poule fait des Cot-cot tout bizarres… Et bien sûr, la maîtresse s'inquiète…

– Qu'est-ce qu'il lui arrive ?

Ouh là ! On dirait qu'Aglaé va pondre un œuf par le bec ! Et voilà ! Elle recrache un caramel tout neuf encore dans son papier ! Et Mademoiselle Jolibois panique…

– Mais… mais ? Elle en a mangé combien ?

– Ben… euh, vingt-cinq à peu près…

Là, je dois avouer que c'est beaucoup d'un coup… C'est drôlement gourmand, une poule ! Aglaé a l'air très malade… Et la maîtresse, très en colère…

– Elle fait une indigestion, Toto ! Tu aurais dû mieux la surveiller et me demander avant de lui proposer des bonbons !

– Ça veut dire que je vais pas avoir de bonne note ? Oh, Mademoiselle, je vous en supplie ! Laissez-moi me rattraper : je vais l'emmener à la maison et la bichonner, et demain, elle sera en pleine forme, promis !

Ouh… Je l'ai échappé belle ! J'ai dû dire ce qu'il fallait, car la maîtresse accepte ma proposition !

Papa est chouette aussi, car il veut bien héberger ma poule ! Je la pose bien confortablement… Papa a l'air un peu étonné :

– Qu'est-ce que tu fais avec ce thermomètre ?

– Ben, je lui prends sa température, P'pa !

Papa dit trop rien, sauf quand il comprend où j'ai installé Aglaé…

– Toto ! Tu n'as pas mis la poule dans le siège de Ninie, tout de même !?

– Ben si, P'pa, pour la bercer ! Pour qu'elle fasse un gros dodo et qu'elle aille mieux !
– Bon, écoute, Toto ! Le siège de ta sœur n'est pas un poulailler ! Une poule, c'est plein de microbes. Je ne tiens pas à ce que Ninie les attrape…
Alors, si tu veux que ta poule aille bien, il lui faut du calme et de l'air frais !

Oh, non ! Pauvre Aglaé ! Voilà que Papa la prend pour la mettre sur le balcon !
– P'pa ! Elle va prendre froid !
– Toto, les poules ne t'ont pas attendu pour dormir sans le chauffage !
– Peut-être, mais voilà pourquoi elles ont la chair de poule !
– Mais non, Toto ! La chair de poule, c'est quand on les a plumées !

Cette histoire de poule m'obsède tellement que j'en fais des cauchemars toute la nuit. Et pour une fois, j'suis content que le réveil sonne ! Je vais tout de suite chercher Aglaé pour la rentrer au chaud. Mais quand Papa arrive dans la cuisine…

– Allez, allez, Toto ! C'est pas l'heure de jouer avec ta poule ! Pose-la et prends ton petit déjeuner !

J'peux quand même pas manger ma tartine devant Aglaé, la pauvre ! Elle doit avoir faim, elle aussi !

– Toto, tu fais quoi ? Tu lui donnes un bout de tartine ?

– Ben oui… Parce que sur le balcon, elle a pas dû trouver grand-chose à picorer !

Pfft… Heureusement que j'me suis battu pour qu'Aglaé mange un peu… Je fais ma toilette, je m'habille et j'suis pratiquement prêt en même temps que Papa !

– Allez Toto ! Mets ta poule dans sa cage, on y va !
– O.K., P'pa !… Aglaé ? Aglaé ?
Là, c'est la panique, car pas un seul Cot-cot résonne dans l'appartement. Et Papa et moi, on a beau chercher partout, pas de plume ni de poule nulle part !
– C'est une catastrophe, P'pa ! Mademoiselle Jolibois sera furieuse, j'aurai jamais ma bonne note et j'irai pas au parc « Monsieur Incorrigible » !

Tout à coup, j'ai une super idée. Je l'explique à Papa et on part en voiture dans une animalerie. Et comme y a plein d'animaux partout, j'ai un plan :
– Bon, P'pa ! Prends l'allée de gauche et moi, celle de droite !
Pfft… Qu'est-ce qu'il peut y avoir comme bestioles dans une animalerie ! Le vendeur veut nous aider, quand Papa surgit avec une poule dans une cage !

Papa veut payer, mais voilà que le vendeur commence à vouloir discuter…
– Attendez, ce n'est…
– Tout va bien, Monsieur ! Il n'y a rien qui ressemble plus à une poule rousse qu'une autre poule rousse !
– Oui, mais attendez, c'est…

Pfft… Il est têtu, ce monsieur ! Je vole au secours de Papa et dis au monsieur pour lui clouer le bec :
– On a pas le temps de discuter, il faut encore qu'on achète des œufs !
Et zou ! On remonte, Papa et moi, dans la voiture et il me dépose à l'école avec la nouvelle poule.
Et quand j'arrive en classe, Mademoiselle Jolibois s'avance vers elle…

– Alors, Aglaé va mieux ?
– Oui, Mademoiselle ! Elle a même pondu des œufs !
– Des œufs ? C'est vrai ? Combien ?
Quand je réponds « six », là, la maîtresse n'en revient pas !
– Bravo, Toto ! C'est formidable ! Tu mérites ta bonne note !
Je l'aurais embrassée, Mademoiselle Jolibois ! À moi, le parc avec ma Mamie !
J'en rêve déjà, quand la maîtresse me pose une question :
– Dis-moi Toto, on peut les voir ces œufs ?
Je plonge illico ma main dans la cage et hop ! J'en retire une boîte de six beaux œufs. Elle a l'air vraiment fière de moi, Mademoiselle Jolibois !
Mais soudain, en ouvrant

la boîte, elle fait une grimace pas jolie, jolie…
– Mais… Toto… Il y a la date limite de consommation sur ces œufs ! Montre-moi un peu Aglaé, je te prie…
À croire que la poule a tout compris, car elle sort de sa cage et fait des Cot-cot hyper fort. Puis, un :
– COCORICOOOOOOOOOOOO !
Là, j'aimerais être une petite souris…
– Totoooooooooooooo ! C'est un COQ !

Où est Aglaé ?… OÙ EST-ELLE ?
– Euh… Ben, elle est là, Mademoiselle ! La poule a toujours été un coq ! C'est pour ça qu'elle pond pas !… Alors, j'ai juste acheté des œufs pour vous faire plaisir !… C'est tout !

La maîtresse m'a pas cru, et bien sûr, pour la bonne note, je peux aller me rhabiller… Et quand je rentre à la maison, Papa en remet une couche :
– Tu n'avais qu'à mieux la surveiller, ton Aglaé ! Et en plus, ça sent la poule dans tout l'appartement ! Je ne sais pas où elle est partie, mais c'est tant mieux ! Bon débarras !

J'ai le moral dans les chaussettes… Je pense au parc, quand, tout à coup, j'aperçois Aglaé sur la tringle à rideaux. Je vais pour le dire à Papa… Trop tard ! Il ouvre la fenêtre juste dessous et SPLOSH ! se prend un œuf en plein sur le crâne !… Elle est quand même douée, mon Aglaé, pour viser aussi juste, non ?

11

IL FAUT SAUVER GIGAPUCE !

D'habitude, quand Justine explique quelque chose en classe, j'comprends pas tout : elle parle toujours trop vite ! Mais là, ça m'intéresse son histoire de souris blanches. J'adore ces p'tites bêtes, moi ! Alors, j'écoute tout ce qu'elle dit sur elles. Il y a Pécé, le papa souris, et ses trois enfants : Kartapuce, Mégapuce et Gigapuce. C'est rigolo, comme noms !

On écoute tous bien Justine, mais dès que la récré sonne, mes copains et moi, on lui crie tous en même temps qu'on

veut une souris. C'est pas facile, parce qu'une souris, ça se découpe pas en huit comme un gâteau ! Et voilà, on se bouscule tellement que la cage des souris s'ouvre… Justine est paniquée.

– Nooon ! Mes souris ! Il manque Pécé ! Où est Pécé ? J'ai perdu Pécé !

On cherche tous partout, mais pfft… une souris, ça se faufile n'importe où ! Et on a beau crier : « Petit, petit, petit ! », pas de patte blanche à l'horizon… Justine emploie alors les grands moyens :

– Attendez ! Je vais chercher sa nourriture pour l'appâter !

– Pas la peine, Justine ! Pécé est là !

– Oh, Toto ! Tu es vraiment un héros ! Tu peux me demander ce que tu veux !

Ça, c'est pas tombé dans l'oreille d'un sourd ! Alors, à la sortie de l'école, je lui demande de me donner la souris que j'ai trouvée ! Mais la négociation est dure…

– Tu es fou, Toto ! Je ne peux pas te donner Pécé, c'est la souris de mon père ! À la rigueur Gigapuce, mais pas Pécé !
– O.K. pour Gigapuce, alors !
– Euh… Attends ! Donne-moi quelque chose en échange…
Pfft… Les filles, c'est compliqué !
– D'accord… Qu'est-ce que tu veux ?
– Ton ballon de foot !
– Quoi ? Mon ballon ? Tu veux pas une balle de ping-pong plutôt ?
– C'est le ballon ou rien !
Elle exagère un peu Justine ! Je réfléchis vite fait pour trouver une solution… Bingo !
– Bon O.K., mais c'est juste prêté, alors ! Tu me prêtes Gigapuce et je te prête mon ballon. Et après, je te rends la souris et toi, mon ballon !
– D'accord, mais s'il arrive quelque

chose à Gigapuce, je garde ton ballon. Marché conclu, ça y est ! J'ai la souris en main et je cours à la maison pour m'occuper d'elle !

J'suis le premier à rentrer, alors vite, je prends une boîte à chaussures, du coton et pose ma petite souris dessus.

– Tu peux me dire merci, p'tite souris ! Je t'ai même mis mes céréales du petit déjeuner !

Elle va être comme une reine, ma petite souris, et pour pas qu'elle s'échappe, je lui ai mis une petite grille sur le dessus de la boîte !
J'ai tout juste fini de l'installer que j'entends Papa et Claire rentrer avec Ninie, ma p'tite sœur. Claire entre la première dans ma chambre.

– Ça va Toto ? Tout va b… Hiiiiii ! Une souriiiiiiiiiiis !
Et voilà, Claire a crié si fort que Papa surgit !
– Une quoi ?… Ah, non ! Pas d'animaux dans la maison ! Surtout, pas de souris : ça sent mauvais, ça fait des crottes et ça

grignote tout ce que ça trouve !
– Mais, P'pa ! Ses crottes sont toutes petites, c'est rien !
– Une, c'est rien ! Mais une souris, ça en fait beaucoup !
– Mais P'pa, c'est juste pour quelques jours ! C'est Justine qui me l'a prêtée !

– Rends-la-lui tout de suite !
Et voilà, c'est malin ! Maintenant, c'est Ninie qui pleure ! Et Claire dit que c'est parce qu'elle a peur de la souris. C'est pas prouvé, ça ! Alors je dis, tout triste :
– C'est tellement mignon, une souris… Vous devriez la regarder un peu, au moins. Je suis sûr qu'elle vous plaira !

Y a rien à faire, Papa en démord pas…
– Toto ! Tu vas me ramener ce rongeur d'où il vient, sinon, c'est moi qui m'en occupe !
Je suis enfin seul dans ma chambre. Je parle doucement à Gigapuce pour lui remonter le moral à elle aussi, quand… Oh, non ! Elle a disparu ! Je la cherche partout, quand tout à coup, Papa arrive avec quelque chose de petit et de noir dans une main. Il a l'air furieux…
– Totooo ? Peux-tu m'expliquer ce que

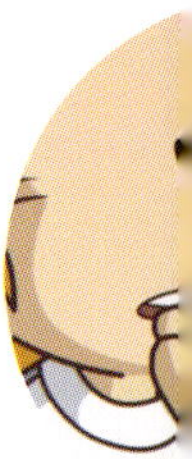

c'est que ça ? C'était dans mon bureau, sur mes dossiers…
– Euh… On dirait des… des pastilles de…
– Des « pastilles » de crottes de souris ! Dans mes dossiers !
– Dis donc, elle a fait rudement vite, hein, P'pa ?
– En effet ! Et toi, tu vas aller encore plus vite pour arrêter cette catastrophe sur pattes !
Faut vraiment que je trouve un truc pour attirer Gigapuce dans sa boîte à chaus-

sures. J'ai une idée ! Je vais discrètement dans la cuisine et coupe des dés de fromage. Puis, une fois dans ma chambre, je prends mon vieil aquarium. Ça fait une super cloche pour capturer ma petite souris. Alors je mets un crayon debout, entouré d'une ficelle, entre le sol et l'un des côtés de l'aquarium. Comme ça, dès que Gigapuce s'approche pour manger un bout de fromage, hop ! Je tire sur la ficelle et la souris se retrouve dans l'aquarium ! Hé, hé, y a plus qu'à attendre en silence… RATÉ ! Voilà Claire qui hurle à nouveau :

– Hiiiiiiiiiiiiiii ! La souriiiiiiiiis ! Papa accourt… Et moi, je le suis…

– Jérôme ! Je l'ai vue ! Elle a sauté du lit de Ninie !

– Elle était dans le lit de Ninie ? Oh, le monstre !

Je peux pas laisser Papa dire ça !

– Faut pas exagérer, P'pa ! Un monstre, c'est beaucoup plus gros !

– Voilà le résultat quand on joue avec des RATS !

Décidément, Papa voit tout en grand !

– Tu sais P'pa, si ça se trouve, Ninie et Gigapuce, elles auraient pu devenir copines…

– Dans ta chambre, Toto ! Je passe à la phase 2 !

Là, faut que je me fasse aussi petit que Gigapuce car Papa fume de la tête ! Et sa phase 2, je suis sûr que c'est des pièges à souris qu'il va cacher un peu partout. Alors, je lui lance de ma chambre :

– P'pa ! Si Gigapuce est blessée, Justine me rendra pas mon ballon !

– Et si Ninie est blessée, qu'est-ce qu'on fait, Toto ?

– Ben… J'sais pas… C'est pas moi le papa !… Bon, je peux sortir de ma chambre maintenant ?

– Quand j'aurai fini de cacher le troisième piège. Si tu les vois, tu vas les désamorcer !

Waouh ! Là, Papa pouvait pas me faire plus plaisir ! Quelle idée géniale ! DÉ-SA-MOR-CER les pièges ! J'enfile ma tenue de combat : casque sur la tête et poignard en plastique. Puis, direction le salon !

Je regarde partout même sous la table basse… Gagné ! Papa a mis un piège avec un petit morceau de fromage pour attirer Gigapuce !

Je m'avance devant la tapette, et passe la lame de mon poignard sur le bout de fromage pour déclencher le mécanisme et… Clac ! Pauvre Gigapuce ! Heureusement qu'elle traînait pas par là…

Bon, d'après mes calculs, j'ai encore deux

pièges à trouver. Je continue mon inspection dans l'entrée, mais ça va vite car y a peu de meubles. Je me glisse à l'intérieur de l'un d'eux, poignard en avant et… Clac ! Le second piège est désamorcé ! Plus qu'un à dénicher !

Je vais dans la salle de bains, fouille les placards… Rien… Pas la moindre maudite tapette. J'ai plus que la cuisine à inspecter, mais c'est l'heure du dîner et y a déjà tout le monde à table. Et après, faut que j'aille me laver les dents, faire pipi, et au lit !

Ça me rend triste de ne pas savoir où est Gigapuce. Et si elle tombe sur le troisième piège ? J'ai tellement peur que je rêve que je suis une grosse souris et que des tapettes me poursuivent en faisant « Clac ! Clac ! ». Ouf, le réveil me sauve de ce cauchemar, sauf que Papa surgit dans ma chambre avec un gros dossier sous le bras.

– Toto ! Ta souris mange mes dossiers ! Je vais chercher le chat du voisin !

– Non, P'pa, pas lui ! T'as qu'à les photocopier tes dossiers, on verra plus les trous !

Pfft… J'ai à peine le temps de m'habiller

que le chat est déjà là… Facile pour un gros matou de sentir une souris ! Le voilà qui court direct dans la cuisine. Et en deux, trois reniflements, il trouve ma p'tite souris ! Elle est terrorisée entre le frigo et la cuisinière. Je prends mon courage à deux mains et saisis la queue du chat, mais ça lui plaît pas du tout ! Puis, j'aperçois une bouteille d'huile, alors, hop ! J'en renverse sur le carrelage et prends vite du poivre pour faire éternuer ce chat poilu… Bien vu ! Il éternue, et moi je crie :

–Vas-y Gigapuce !

Ma p'tite souris se faufile devant les

moustaches du matou ! Et quand il veut la suivre… ziiiiing ! Il patine sur l'huile ! Ouf ! Gigapuce prend de l'avance. Je l'encourage, mais le chat reprend du poil de la bête et la poursuit de plus belle… Tout est cassé, mais tant pis, ma souris avant tout ! Je la réconforte encore et du coup, elle file tout en haut du frigo.

– Cache-toi Gigapuce ! Il arrive !

Trop tard !… Ce maudit chat bondit lui aussi sur le haut du frigo. J'ai le cœur qui tape, quand j'entends « Clac ! ». Le troisième piège ! Il était donc là !… Nooon ! Ma Gigapuce !

Soudain, un « Miaouououou ! » me perce les oreilles et une queue de chat ornée d'une tapette me passe sous le nez ! Et quand Papa accourt, je lui explique tout. Papa me suit dans ma chambre et là, qu'est-ce qu'on voit ? Ma p'tite souris endormie sous l'aquarium ! Elle est trop mignonne…

– Regarde, P'pa. Elle dort… Chut !

– Normal, elle digère mes dossiers…

Je sens bien que Papa est attendri lui aussi… Il commence à craquer pour Gigapuce, quand on sonne à la porte. C'est Justine et sa maman. Elle a pas l'air d'aller, ma copine, et sa mère a la tête des mauvais jours.

– Bonjour Toto… Euh… Je viens te rendre ton ballon et reprendre Gigapuce…

Mais sa maman ajoute illico :

– Tu peux peut-être lui dire pour le ballon !

– Oui… Euh… Voilà… C'est Pécé… Il a un peu mordu dedans ! Enfin… il l'a complètement crevé… Alors tiens, je t'ai apporté des chocolats pour m'excuser… J'espère que tu voudras quand même me rendre ma souris…

Mon ballon… Il est tout raplapla ! C'est

pas facile, mais je lui rends ma petite Gigapuce.

– Allez, mon Toto ! Prends un chocolat, ça te fera passer le goût des souris !

Il a de l'humour, mon papa chéri ! Et puis, il a raison, j'adore le chocolat…

12

LA CHAÎNE ALIMENTAIRE

Il est chouette Fabrice, parce qu'aujourd'hui, il m'apprend à pêcher ! Pendant que Maman joue avec ma p'tite sœur Ninie sur l'herbe, nous, on lance nos cannes à pêche dans la rivière. C'est dingue le matériel de professionnel qu'a mon beau-père ! Moi, j'ai juste un bouchon rigolo au bout de ma ligne.
Je regarde la surface de l'eau, quand tout à coup, je sens mon bouchon s'enfoncer vers le fond de la rivière, puis, plus rien. J'suis déçu car je crois l'avoir perdu, mais

Fabrice dit que j'ai sûrement une touche.
– Vite, Toto ! Respire à fond et tire sur ta canne !
Oh hisse ! J'obéis, puis je cours vers Maman en traînant ma canne à pêche, super content !
– M'man ! M'man ! Fabrice dit que j'ai une touche ! Ça veut dire que j'ai attrapé un poisson ?
– Mais oui, mon champion ! Regarde derrière toi !
Elle a raison, Maman ! Y a un gros poisson qui se tortille au bout de ma ligne ! J'ai

pas eu besoin d'un attirail de professionnel, moi, pour attraper un poisson !
Mais c'est quand même Fabrice qui sait l'enlever de l'hameçon et qui le met dans un seau d'eau. J'y connais rien en poisson, alors, je demande à mon deuxième papa :
– C'est quoi, comme poisson ? Un bébé requin ?
– Ah non, Toto ! C'est un petit brochet de huit centimètres environ ! Il ne doit pas peser lourd, mais il est juste assez grand pour être mangé !

– Le manger ? Mais on va pas le manger ? Il est trop mignon !
– Tu sais, mon Toto, on pêche des poissons pour les manger ! C'est comme ça, dans la vie. Les grosses bêtes mangent les petites, c'est le principe de la chaîne alimentaire !
J'dois avoir l'air complètement ahuri, alors Fabrice m'explique :
– La chaîne alimentaire, Toto, c'est quand une espèce mange une autre espèce. Par exemple, le puceron est mangé par la coccinelle qui est mangée par l'oiseau qui est mangé par le chat… Tu comprends ?
– Bah, oui, mais c'est vraiment pas sympa ! Bubulle est pas comme ça, lui !
– Qui ça ?
– Bah Bubulle ! Mon brochet de huit centimètres !
– Enfin, Toto ! Tu ne vas pas t'attacher à

un brochet ! C'est un poisson de rivière, il n'aime que la liberté !
– Mais moi aussi, j'aime la liberté ! On sera libres tous les deux ensemble !
– Ah non, Toto ! Si je ramène un brochet à la maison, c'est pour le manger ! Si c'est pour être libre, il sera mieux dans son milieu naturel, à chasser les autres poissons, à grandir, à devenir un seigneur de la rivière…

Là, j'suis pas du tout d'accord avec Fabrice ! Mon Bubulle, il embêtera personne et moi, j'suis sûr qu'on va être super copains. Mais ça, mon beau-père le comprend pas :
– Écoute, Toto ! Je vais prendre un autre exemple de chaîne alimentaire : qui mange les escargots ?
– Bah… Grand-Papy !
Là, j'ai cloué le bec à Fabrice ! Mais moi, j'veux pas laisser tomber Bubulle, alors je tiens bien le seau dans mes bras et je dis bien fort devant Maman :

– T'en fais pas, mon Bubulle, je te garde !
– Ah oui Toto ? Et tu comptes le mettre où ton poisson ? Dans ton lit ?
– Non, M'man ! Dans mon lavabo !
– Certainement pas, Toto, c'est sale !
– Sale ? Mais un poisson, c'est super propre, ça se lave tout le temps puisque c'est dans l'eau ! Même Papa avait un poisson rouge quand il était petit !
Fabrice a tout de suite une idée !
– Eh bien, si Jérôme a eu un poisson rouge, tu mettras ton Bubulle chez lui ! Bubulle chez Papa, c'est génial, ça va lui rappeler sa jeunesse !

Ça tombe bien, car ce soir, je dors chez Papa avec Ninie. Alors dès que j'arrive, je sors Bubulle du seau et le mets dans la baignoire avec le petit canard en plastique de ma p'tite sœur. Ça fait rire ma Ninie, et mon Bubulle, il a l'air super heureux, car il tourne dans l'eau comme un p'tit fou ! Mais Papa est pas content du tout, lui. Il dit qu'il y a pas assez de place pour avoir un animal à la maison…

– Demain, Toto, tu me débarrasses de Bubulle, sinon je l'apporte chez le poissonnier !
– Le poissonnier ? Mais P'pa, les poissonniers, ça tue les poissons ! C'est au bout de la chaîne alimentaire ! Tu peux pas faire ça ! Papa veut rien entendre, et quand il dit quelque chose mon papa, il le fait… Alors, je chuchote à Bubulle :

– T'inquiète pas mon Bubulle, tu iras pas chez le poissonnier… Demain, je t'amène à l'école et tu iras dans l'aquarium de Mademoiselle Jolibois !

Je me suis jamais levé aussi tôt pour aller à l'école, même que Papa est tout surpris ! Il est encore en pyjama, ses trois cheveux en pétard alors que moi, je suis déjà habillé et prêt à partir…

– Mais, Toto ? Quelle heure est-il ?

– Pas de panique, P'pa ! T'es pas en retard, c'est moi qui suis en avance !

Soudain, il voit Bubulle qui frétille dans un petit sac en plastique :

– Dis donc, Toto, tu sais qu'on n'a pas le droit d'apporter des animaux à l'école !?
Zut ! J'avais complètement oublié !
Alors, je réfléchis vite à un truc à dire :
– Euh… Non… Oui, je sais… Je vais juste le déposer chez Yassine avant d'aller à l'école. Il a un super aquarium !
– Ah bon ? Ton copain a un aquarium ? Première nouvelle !
J'aime pas trop dire des trucs un peu faux, mais là, j'ai pas le choix, alors pour pas en dire plus, je sors vite fait de la maison ! Seulement, pas de chance, Papa enfile illico des habits et me suit dans la rue !
Pfft… J'essaie de le semer, mais il court super vite !

– J'comprends pas, P'pa ! D'habitude, quand tu m'accompagnes, c'est pour pas que je sois en retard, non ?
– Oui Toto, pourquoi ?
– Ben, qu'est-ce que tu fais là ? J'suis super en avance !
Là, Papa sait plus quoi répondre ! Il commence à partir, quand… Oh noooon ! Yassine !
– Salut, Toto ! Bonjour, Monsieur !
Et là, catastrophe ! Car Papa lui lance :

– Bonjour Yassine ! Tu es descendu de chez toi pour rien ! Tu vas devoir remonter pour mettre Bubulle dans ton aquarium…
– Bubulle dans quoi ?
Pauvre Yassine ! Il comprend rien… Il sait pas les p'tits trucs faux que j'ai racontés à

Papa… Alors, je lui donne un coup de coude discret et annonce en insistant bien :

– Bah, tu sais, ton GRAND aquarium dans lequel tu m'as dit que même un requin serait à l'aise dedans !

Il est chouette mon copain, car il ajoute tout de suite :

– Ah, oui ! Mon très grand aquarium que même une baleine…

Il exagère un peu, mais Papa semble nous croire.

– Bon, eh bien, du moment que je ne vois plus ton requin d'eau douce, mon Toto, tout va bien ! Bonne journée, les enfants !

Ouf ! Je l'ai échappé belle !

Me voilà seul avec mon copain.
– Mais Toto, je n'ai pas d'aquarium !
– Je sais Yassine ! Je vais le mettre dans celui de Mademoiselle Jolibois, mais faut pas que Papa le sache !
– Mais il y a déjà deux poissons dans l'aquarium de la maîtresse !
– Tant mieux ! S'ils sont encore vivants, ça prouve qu'il y a pas de chaîne alimentaire !
– De quoi ?
– De chaîne alimentaire… Je t'expliquerai ! Aide-moi à mettre Bubulle dans mon cartable au cas où Papa nous espionnerait !

À l'école, Olive, Carole et Jonas sont tout surpris de me voir arriver si tôt. Mais Yassine leur explique ce que j'ai pêché et ce que je compte faire ! Ils sont tous fiers de moi, même sans avoir vu Bubulle ! On discute quand Jonas me lance en rigolant :
– Hé, Toto ! Ton cartable fait pipi !
Yassine regarde vite dedans et dit :
– Mince, Toto ! Le sac est crevé ! Vite, l'aquarium !

Pauvre Bubulle ! Faut vite le mettre dans l'eau, alors on monte les escaliers quatre à quatre jusqu'à la salle des professeurs. C'est super dur d'attraper un poisson, ça se tortille dans tous les sens ! Enfin, j'y arrive et plouf ! Je le plonge dans le bel aquarium de la maîtresse. On se dirige vers la sortie quand Jonas, le nez encore collé à l'aquarium, nous rappelle :

– Hé, venez voir ! Qu'est-ce qu'ils font les poissons ?

Yassine dit :

– C'est bizarre, ils se suivent !

Mais voilà que Jonas sort :

– Mais non, c'est le poisson de Toto qui poursuit les autres pour les manger ! Alors ça, ça me plaît pas du tout !
– Bubulle mange pas les autres !
– Je te dis qu'il va les manger ! Regarde !

Hum… Là, je commence à douter, surtout quand un poisson saute hors de l'eau et que mon beau brochet claque des dents pour l'attraper… Puis, juste après, les deux petits poissons bondissent dans un gobelet placé à côté de l'aquarium ! Et là, je crie, affolé :
– Vite, Yassine ! Mets de l'eau dans le gobelet !

Il est trop fort, mon copain ! Il a réussi et les deux poissons frétillent dans l'eau. On est tous super soulagés jusqu'à ce que la maîtresse arrive…

– Qu'est-ce que vous faites avec mes poissons ?

– Ben… Euh… Ils font rien que sauter en dehors de l'aquarium, Mademoiselle ! J'ai de la chance d'avoir des copains pareils, parce que pendant que je parle, ils se mettent tous devant l'aquarium… Mais pas de chance, une maîtresse, ça a toujours l'œil !

– Qu'est-ce que vous essayez de me cacher ? Cette fois, j'peux plus dire des trucs un

peu faux, alors je me jette à l'eau :
– C'est Bubulle ! Il est super gentil, mais là, il a fait un truc bizarre…
– Un truc bizarre ? Comme… essayer de manger mes poissons ?
Elle semble pas trop en colère, Mademoiselle Jolibois… Elle nous demande juste de remettre ses poissons dans l'aquarium alors qu'elle met Bubulle dans un bocal. Puis, elle me dit :
– Toto, tu vas m'aider à faire la leçon aujourd'hui. Allez, tous en classe !

C'est pas facile de parler devant tout le monde, mais je raconte tout ce qu'il s'est passé depuis que j'ai pêché Bubulle. Quand je finis mon exposé en disant que mon poisson mange personne, là, la maîtresse me coupe la parole :

– Mais si, Toto ! Ton poisson mange comme tout le monde ! Il fait partie de la grande chaîne alimentaire qui fait fonctionner la nature !

Ça, moi, j'y crois pas ! Et pour prouver que Bubulle est gentil, je plonge un doigt dans le bocal. Et…

– Aïe ! Ouiiiiille ! Non, mais ça va pas, Bubulle ? Je t'ai rien fait !
Ben, oui… La maîtresse a le dernier mot :
– Tu vois Toto, Bubulle est un carnassier… qui n'a pas mangé depuis que tu l'as pêché !
Pfft… J'avais pas pensé à ça moi, mais mes doigts, ils ont rien à voir avec la chaîne alimentaire !

13

JOYEUX YASSIVERSAIRE !

Waouh ! Ce matin, à l'école, ça sent bon dans la cour et le soleil brille. Alors mes copains et moi, on se fait bronzer sur un banc avant que la cloche sonne. On se croirait presque à la plage ! Je compte vite dans ma tête et lance à Junior, Olive et Igor :

– Dans deux semaines, ce sera le plus beau jour de ma vie… Comme tous les ans !

Ha ! Ha ! Mes copains ont dû penser à la même chose parce qu'ils chantent tout de suite avec moi :

– Vive les vacances ! Haut les mains, peau de lapin ! La maîtresse en maillot de bain !
Tout à coup, j'aperçois Yassine, tout seul sur les marches de l'escalier. Je vais le voir illico.

– Ben Yassine ! Tu chantes pas avec nous la plus belle chanson de l'année ?

– Euh… non… Les vacances d'été, moi, ça me rend un peu triste.

– Triste ? Les vacances ??? Ben pourquoi ?

– Mon anniversaire tombe pile pendant les vacances… Alors pas de copain, pas de cadeau… Rien ! Tout le monde m'oublie ! Il est bizarre mon copain aujourd'hui, alors je vais voir Olive.

– Il a pas l'air en forme mon Yassine ! J'comprends pas trop : il a les vacances et EN PLUS, il a son anniversaire, c'est trop bien, non ?

– Ben non, tu vois ! Moi, je suis née le jour de Noël et du coup, je n'ai pas deux fois des cadeaux.

J'aime pas voir mon copain comme ça, alors je trouve vite une idée. Je l'explique aux autres en cachette :

– Bon, on va inventer le Yassiversaire ! L'anniversaire de Yassine… avant son anniversaire. Un truc pour lui montrer qu'on l'aime !

Dès que j'arrive à la maison, hop, je cours dans ma chambre. Je sors tous mes jouets et cherche ce qui pourrait plaire à Yassine : un chapeau de cow-boy, des pistolets laser, deux super voitures… Ça y est !

J'ai emballé quinze cadeaux puisqu'il reste quinze jours de classe, et je les ai tous mis dans mon sac à dos. Quant aux autres jouets, j'ai pas trop le temps de les ranger, alors zou ! Je les cache derrière la porte de ma chambre…

Le lendemain matin, j'ai le dos en compote en arrivant à l'école. Avec les quinze cadeaux de Yassine, mon sac pèse des tonnes… Je les distribue vite à Olive, Junior et Igor, et on se cache derrière un arbre pour attendre l'arrivée de notre copain. On attend, on attend encore, pas de Yassine. Mince ! Mes copains sont déçus… et moi aussi ! Mais j'ai ma p'tite idée…

– Bougez pas les amis ! Je vais le trouver ce sacré Yassine !

Je fonce direct à la bibliothèque de l'école. Bingo ! Qu'est-ce que je vois ? Yassine allongé sur le ventre, les bras devant et qui souffle bizarrement :

– Et un, j'ouvre, et deux, je pousse, et trois, je ramène le long du…

– T'es devenu fou ou quoi ? Tu nages dans la bibliothèque ? Mais t'as pied ici et y a pas d'eau !

– Ben, euh… en fait, j'ai l'épaule un peu coincée et je cherchais un livre qui explique comment on fait pour la décoincer.

Comme si j'allais le croire ! Bon, je le tire par le bras et l'emmène devant l'arbre pour que mes copains entendent tout. Et là, au moment de parler à Yassine, j'suis un peu ému…

– Cher super copain Yassine, j'ai une petite surprise pour toi… Pour te dire que tu comptes beaucoup pour moi.

– Ben, merci Toto… Mais pourquoi ?

– Ben, parce qu'on pense à toi tous les jours et que t'es notre centre du monde !

Mes copains surgissent alors de derrière l'arbre et ils tendent chacun un cadeau à Yassine ! À voir sa tête, il a pas l'air de comprendre tout ce qu'on fait pour lui…

Enfin, la cloche sonne : on rentre en classe. Je suis bien concentré quand je vois Yassine bouger ses jambes bizarrement sous son bureau. Deux secondes plus tard, il demande à la maîtresse :
– Je peux aller aux toilettes ?
– Oui Yassine, mais la prochaine fois, tu y penseras pendant la récré !
J'peux pas laisser Mademoiselle Jolibois dire ça.
– Ben non, maîtresse ! La récré, c'est fait pour s'amuser ! Pas le temps d'aller aux toilettes !

Toute la classe rigole ! J'en profite pour faire passer la jolie carte de Yassiversaire que j'ai dessinée. Et on écrit ce qu'on pense de gentil sur lui. Pas de chance ! Au moment où la carte me revient, Mademoiselle Jolibois se retourne.

– Peux-tu me donner ce papier, Toto ?

– C'est la carte pour le Yassiversaire ! Mais si voulez mettre un mot pour lui…

– Hum… Bon, je te la rendrai à la fin du cours. Tiens, en parlant de Yassine, va donc voir ce qu'il fait, ça fait un moment qu'il est parti.

Moi, quand il s'agit de quitter la classe, j'suis toujours d'accord ! Je fonce aux toilettes et là, j'en crois pas mes yeux : Yassine porte son bonnet de natation, des lunettes de piscine et a la tête complètement plongée dans l'eau.

– Ben Yassine ! Qu'est-ce que tu fais ? Si t'as soif, t'as qu'à boire au robinet !

– Oh, rien… Je testais l'étanchéité de mon bonnet… Euh… la dernière fois, je suis revenu de la piscine avec les cheveux tout mouillés !

– Ouais, c'est ça ! T'as plutôt attrapé un rhume du cerveau, on dirait ! Allez viens, Mademoiselle Jolibois s'inquiète.

Dès qu'on est dans la cour, Olive, Junior, Igor et moi, on fait chacun un super compliment à Yassine et lui, tout ce qu'il trouve à faire : PARTIR plus loin, après

un petit « merci » !!! Je lance aux autres, tout déçu :

– Mince alors, il aime pas qu'on l'aime… Oh… j'ai une idée ! Rendez-vous au parc après l'école !

Quand c'est important, on est tous toujours à l'heure ! Comme c'est mon idée, c'est moi qui prends la parole :

– Bon, on change de stratégie pour le Yassiversaire. On passe à la GROSSE FIESTA SURPRISE !

Junior trouve ça tout de suite génial :
– Super ! Faut juste trouver une excuse pour l'inviter.
Olive trouve ça bien aussi :
– Pour l'inviter, on va lui dire qu'on révise les maths avec Igor !

– C'est comme si c'était fait ! Rendez-vous chez moi SAMEDI, à 15 heures pour le Yassiversaire SURPRISE !
C'était long d'attendre samedi, mais tout est prêt : gâteau et cadeaux et on est tous là, dans mon salon. Y a plus qu'à patienter un peu que 15 heures arrive… et Yassine, bien sûr…
Pfft… Qu'est-ce qu'il fait ? Les minutes n'arrêtent pas d'avancer et maintenant, il est 16 heures ! Bon, y a un truc qui cloche : j'appelle chez lui.

– Allô ?… Oui, M'dame, c'est Toto !… Quoi ? Yassine est à la pisciiiine ? Bah, pourquoi ?
Alors là, on avait tout prévu, tout préparé et Môssieur Yassine barbote à la piscine !!! J'suis obligé de déclencher le plan B : les copains et moi, on fonce dans le bureau de Papa et on le supplie de nous emmener là-bas. Pauvre Papa, il a pas pu dire non ! Un anniversaire dans une grosse bassine, ça peut pas se refuser !

Ça y est ! J'comprends tout maintenant ! Pauvre Yassine ! Quand on arrive dans le grand bassin, il est là, avec son bonnet et ses lunettes, tout tremblant à côté de Mademoiselle Gossein, la prof de gym. Et elle a pas l'air de rigoler.

– Parfait, Yassine ! J'ai bien fait de te faire réviser ton têtard tous les samedis. Tu as enfin pu nager sur vingt-cinq mètres. Il ne te reste plus qu'à mettre la tête sous l'eau quelques secondes pour décrocher ton diplôme.

Nous, au bord de la piscine, on en peut plus d'attendre, alors on crie :
– Joyeux Yassiversaire !!! Joyeux Yassiversaire !
Ça alors, on dirait que notre copain est pas content de nous voir…
– Oh, nooon ! Ils m'ont retrouvé ! Même ici. La honte !
PLOUF !
Bah pourquoi il a honte ? C'est pas facile d'avoir son têtard. C'est pour ça qu'il

répétait à l'école !? C'était le seul de la classe à pas l'avoir… Tout à coup, Mademoiselle Gossein souffle dans son sifflet, et hurle de sa grosse voix :

– Bon, cette fois Yassine, têtard accordé ! Tu viens de faire exploser le record d'apnée en piscine. OUAIS ! Même Papa saute de joie au bord de la piscine.

Et Yassine rigole enfin en sortant de l'eau. Il a l'air super content qu'on soit venus. Papa veut faire une belle photo de nous et de Yassine avec son gâteau.

– Allez les enfants, serrez-vous bien ! Voilà, encore ! Attendez, je recule un peu… voilà, je vous vois tous… Attendez, je re… AAAAAHHHHHH !

SPLAAAAAAACH ! Ha ! Ha ! Pauvre Papa, il aurait dû prendre son maillot ! En tout cas, Yassine est super heureux :

– Dis, Toto ! T'as même prévu un clown pour mon Yassiversaire… Trop sympa !

14

FAUX ET USAGES DE FAUX

Ce matin, à l'école, on est tous de bonne humeur mais Mademoiselle Jolibois nous trouve un peu trop agités.

– Les enfants ! Un peu de calme ! Puisque c'est la fin de l'année, j'ai vos bulletins. Vous les recevrez…

– … jamais ! Ha ! Ha !

Toute la classe rigole, sauf la maîtresse…

– À ta place Toto, je ne ferais pas le malin ! Tes résultats sont loin d'être aussi bons que tes blagues ! Vos bulletins arriveront donc chez vous demain, par courrier.

Là, je rigole un peu moins ! C'est pas la peine d'en parler à Papa quand je rentre à la maison, j'veux pas lui gâcher sa soirée. Alors je joue avec ma console de jeu. C'est trop bien, ce jeu de course de voitures ! Je fonce comme un bolide dans le couloir… CRIIIIII ! J'ai failli me cogner dans Papa !

– Dis donc, champion, tu le reçois quand ton bulletin de notes ?

Aïe ! Je m'attendais pas trop à cette question en plein rallye. Faut vite que je trouve quelque chose à répondre.

– Ah, euh, ben… Cette année, ils ont annulé les bulletins : trop de stress pour les élèves… Mais non, je rigole !

Je repars à fond dans tout l'appartement. Mais j'entends quand même ce que Papa me dit :

– Si tu as fait des progrès en maths, je t'emmènerai à la salle de jeux essayer Crac Car 2 !

LE mot magique ! Papa a dit LE mot magique !

– Quoi ??? Tu ferais ça ??? Trop cool, P'pa ! Je file le dire à Yassine !

Je saisis mon skate et zou ! Je retrouve mon copain sur la piste cyclable.

– Hé Yassine ! Tu sais quoi ? Mon père va m'emmener essayer Crac Car 2 si ma moyenne en maths a remonté !

– Ha ! Ha ! Ha ! Et t'y crois, toi ?

– Ben non, c'est ça le problème… J'ai encore 2/20 !

– Ben, qu'est-ce que tu vas faire alors ?

Je sens que Yassine est super embêté et moi, ça chauffe dans ma p'tite tête…

– Euh… déjà, faut pas que Papa reçoive mon bulletin !

J'ai une idée : Yassine va faire semblant de s'être blessé à la jambe et quand le facteur va passer devant nous, il va l'examiner. Moi, pendant ce temps, j'attrape sa sacoche et récupère mon bulletin !

Ouf ! Yassine accepte de jouer le jeu : il s'allonge par terre et hurle. Et moi, j'en rajoute :

– Au secours ! Les pompiers ! Le Samu ! Le docteur des os !

Oui ! Le facteur arrive… Je crie de plus belle :

– Vite !!! Mon copain s'est foulé l'os !

C'est presque dans la poche, le facteur s'approche et... Oh non ! Une vieille dame arrive avant lui près de Yassine. Du coup, il continue sa tournée ! Pauvre Yassine, j'peux pas rester avec lui. Faut absolument que je rentre et que j'échange notre étiquette de boîte aux lettres avec une autre, avant que le facteur passe chez nous. Ouf ! Mission accomplie !

Et voilà enfin Yassine...

– Mais ??? Qu'est-ce que tu fais ?

– Ben... Je pense à ce pauvre Monsieur Rognon qui ne reçoit jamais de courrier. Là, il va recevoir un joli bulletin, mais comme il est toujours en

voyage, il ne le trouvera que dans six mois…

– Quoi ? T’as échangé les étiquettes ?

Je sais, c’est pas très beau mais j’veux tellement essayer Crac Car 2. Tout à coup, le facteur arrive ! Vite, Yassine et moi, on se cache derrière le bac à fleurs ! Je chuchote :

– Génial ! L’affaire est dans le sac et mon bulletin est dans la mauvaise boîte.

– Oui, mais maintenant que t’as plus de bulletin, tu fais comment pour remonter ta moyenne ?

– Euh… Ben… Trouvé ! On va faire un faux, grâce à Igor !

Ni vu ni connu, je remets notre étiquette de boîte aux lettres à sa place. Puis Yassine et moi, on retrouve Igor au parc. J'suis obligé de lui mentir, sinon il aurait jamais accepté de me prêter son bulletin. Yassine part vite en faire une photocopie, mais catastrophe : il a oublié de retirer ses gros doigts, et Igor est rentré chez lui. Du coup, faut que je trouve une autre astuce pour mon bulletin…

En rentrant à la maison, j'ai le moral dans les chaussettes : qu'est-ce que je vais pouvoir dire à Papa ? Et dès qu'il m'entend, il attaque du fond de la cuisine.

– Salut, Toto ! C'est bizarre, il n'y avait pas de courrier aujourd'hui. Ton bulletin ne devait pas arriver ?

– Peut-être que le facteur fait collection des meilleurs bulletins du monde !

– Très drôle, Toto ! Si je n'ai rien lundi, j'appelle Madame Péchoton.

J'en peux plus ! Cette histoire de bulletin commence à me donner des boutons. DRING ! DRING !

– Toto, va ouvrir, s'il te plaît !
Zut et zut !!! C'est Mademoiselle Waduna, la gardienne ! Elle tient du courrier.
– Je m'occupe du courrier de Monsieur Rognon en son absence. Et c'est bizarre, il y avait des lettres pour ton papa dans SA boîte… Le facteur a dû se mélanger les pinceaux.
Et voilà… Je m'en sortirai jamais de ce bulletin, surtout que Papa me stresse en criant :
– Y a ton bulletin, j'espère !
Je remercie la gardienne et glisse vite fait cette satanée lettre jaune sous mon pull. Puis je fonce pour donner son courrier à

Papa. Et… BING ! On se cogne tous les deux : moi, j'ai rien mais Papa a sa pizza sur la tête !
– Ma calzone, Toto ! Décidément, tu es bien nerveux aujourd'hui. Tu ne me cacherais pas quelque chose…
– Oh, non… Juste quelques lettres et des factures ! Tiens !
Comme y a plus rien à manger, Papa va chercher autre chose dans le quartier.

Et ça tombe super bien car Yassine vient juste d'arriver pour jouer avec moi ! Du coup, on fonce dans la cuisine : j'ai une super idée pour changer mon 2 en maths. Je décolle bien l'enveloppe avec de la vapeur, puis je frotte mon bulletin avec du citron pour effacer mes notes. J'essaie plein d'autres trucs connus… NOON ! J'ai fait un trou dans mon bulletin !

– Vite Yassine ! Le citron, c'est la vieille méthode ! Suis-moi !

Je m'installe devant l'ordinateur de Papa.

– Voilà ! Parfait ! Je reprends ce tableau de chiffres, j'aménage un peu et hop !

J'obtiens un joli bulletin tout vierge !
J'ai plus qu'à prendre un stylo, enfin c'est Yassine qui écrit, des fois que Papa reconnaisse mon écriture…

– Bon Toto, on met quoi dans « commentaires » ?

– T'as qu'à mettre « élève doué » !

– O.K., mais ça s'écrit comment ?

– Facile ! D.O.U.É.*E*.

– Bon, et la note ? Tu veux combien ?

– 21/20 ? Euh… Zut ! Voilà P'pa. Mets 10/20 et on range tout ! Vite !

Waouh ! On a eu chaud, Yassine et moi !

– Toto ! Il paraît que les bulletins sont arrivés. J'ai croisé les parents d'Olive.

J'ai juste le temps de recoller l'enveloppe et je lance, tout fier :

– Oui, enfin ! Le facteur est repassé !

Yassine et moi, on rejoint Papa dans le salon. Je lui tends l'enveloppe, et mon copain dit pour bien préparer le terrain :

– Tu sais Toto, tu as bien travaillé en maths… Je suis sûr que tu as au moins la moyenne !

Papa est pas trop convaincu. Il ouvre l'enveloppe…
– Je te trouve bien optimiste, Yassine !
… Papa déplie le bulletin…
– Hein ? Mathématiques : 10 sur… 20 !!!
… Et lit les commentaires… Papa a l'air étonné tout d'un coup.
– Élève doué*e*… Tiens, la maîtresse a écrit douée avec un « *E* »… C'est étrange…
Il se lève pour m'embrasser… L'affaire est dans le sac quand…

DRING ! DRING ! Ça sonne à la porte. C'est Maman et elle a juste un truc à dire à Papa :

– Je ne reste pas longtemps ! J'ai reçu le bulletin de Toto, je me disais qu'on pouvait le regarder ensemble.

CATASTROPHE ! Pas ÇA ! Voilà mes deux parents assis sur le canapé !!! Je lance paniqué, mais sans trop le montrer quand même :

– Mais, M'man ? Toi aussi, t'as le bulletin ?

– Bien sûr, Madame Péchoton m'a envoyé une copie !

– Tu sais Toto, ta mère et moi sommes tout autant concernés par tes résultats,

surtout quand ils s'améliorent !
Maman a hélas de très bons yeux…
– Tu disais, Jérôme, que Toto avait sa moyenne en maths ? Eh bien non, regarde ! Il a toujours son éternel 2/20 !
C'est cuit pour moi et pour Crac Car 2 !
Papa et Maman comparent leur bulletin.
J'crois que Papa a tout compris.

– Toto… Comment expliques-tu cette différence ?

– Euh… J'ai voulu faire une expérience pour voir ce que ça faisait d'être dans la peau d'un élève doué en maths… Et ce que ça ferait si son papa l'emmenait jouer à Crac Car 2…

– … Et ce que ça ferait si son papa le punissait pour « faux et usages de faux » plutôt, non ?

Papa me répète que ce que j'ai fait, c'est très grave… Il a raison, c'est vrai, mais me priver trois mois de jeux vidéo… Pfft ! Enfin, heureusement qu'il a pas vu que je m'étais servi de son ordinateur !

– TOTOOOOO ! Mon bilan, il est où ?

15

TOTO SE JETTE À L'EAU

Pfft… c'est pas juste ! Ce soir, Maman et Fabrice regardent un film à la télévision et moi, je dois aller au lit ! Mais j'ai trouvé une astuce : je me cache sur la marche de l'escalier, tout près du salon, je tiens un petit miroir pour faire refléter les images et génial, j'arrive à voir le film « Duel en mer » !

Le lendemain, quand j'arrive à l'école, j'annonce tout fier que j'ai vu le film. Mais Jonas est jaloux. Il veut pas me croire :

– Prouve-le que tu l'as vu !
– Fastoche ! Si tu veux savoir, le héros échappe à un requin énorme en nageant sans respirer, comme une torpille. Et moi, je sais faire pareil ! Ça s'appelle « nager la torpille » !
Il m'énerve, ce Jonas ! Il veut toujours pas me croire :
– La tête sous l'eau ? Sans respirer ? Toi ???
– Ouais, parfaitement ! Et même qu'on fait comme ça !

J'suis tellement concentré à mimer la scène que je vois pas Mademoiselle Gossein approcher.

– Formidable, Toto ! Demain, il y a piscine. Tu vas nous faire une démonstration de torpille !

Aïe, aïe, aïe, j'suis mal… Quand Mademoiselle Gossein dit quelque chose, elle le fait !!! Et moi, eh ben… euh… j'ai pas dit toute la vérité. En fait, euh… j'ai super peur de mettre la tête sous l'eau, alors faire la torpille, c'est pas du tout mon truc…

Pour pas être ridicule, dès que je rentre à la maison, je m'entraîne dans la baignoire.
– Hé M'man, comment on fait pour mettre la tête sous l'eau ?
– C'est simple mon Toto. Tu bouches ton nez, tu fermes la bouche et les yeux et hop ! Tu mets la tête sous l'eau !
Facile à dire ça… Bon, j'vais essayer. Je me penche, je prends bien ma respiration et… Argh ! J'peux pas plonger la tête sous l'eau ! C'est trop profond ! J'PEUX PAS ! J'ai peur !

Et voilà, aujourd'hui, c'est piscine : mes copains et Mademoiselle Gossein attendent de me voir faire la torpille. Et dès que je monte dans le car à côté de Yassine, il me pose plein de questions quand ouf ! Mademoiselle Gossein nous explique le programme.

– Bon, tout le monde est là ? Alors la leçon d'aujourd'hui, c'est le PLONGEON !

Pas ÇA ! Pas à MOI ! Tous mes copains sont ravis et Yassine est hyper content…

– Alors là, Toto, la torpille que tu vas nous faire !

Ouf ! J'ai pas à répondre car Mademoiselle Gossein hurle à nouveau :
– SILENCE ! Je vous rappelle que l'accès à la piscine est strictement réservé aux élèves qui ont un maillot de bain et un bonnet de bain ! Et ceux qui n'en auront pas, resteront hors de l'eau ! C'est clair ?
Là, Mademoiselle Gossein me redonne de l'espoir ! Pas d'affaires, pas de piscine !!!
Alors, hop ! Je jette mon sac de sport par la fenêtre. Ni vu ni connu. Enfin,

presque… Le chauffeur se le prend sur la tête, mais c'est pas ma faute s'il se trouvait juste sous ma fenêtre ! Le chauffeur me relance mon sac. Il monte dans le car, s'assoit, ajuste son siège et pfft… Il va mettre le contact… Mais ?! On dirait qu'il a perdu ses clés ! Il les cherche sous son siège. Rien… Waouh ! Génial ! Mais Mademoiselle Gossein est pas du genre à laisser tomber.

– Bon alors, chauffeur ? On y va ou il faut vous pousser ?

– Je ne comprends pas. Je n'ai plus mes clés…

Pauvre chauffeur, lui aussi tremble un peu sous la grosse voix de notre prof.

– Bon, si vous étiez dehors, vos clés sont donc DEHORS ! Alors les enfants et moi, on va vous aider à les chercher. ALLEZ, tous à la pêche aux clés et que ça SAUTE !

Hé, hé ! Pas de clés, pas de piscine ! Seulement le gros œil de Mademoiselle Gossein les trouve rapidement dans une flaque de boue.

– Allez ! Tout le monde en route ! On fonce à la piscine !

Pendant tout le trajet, je me creuse les méninges : j'veux pas mettre la tête sous l'eau… j'peux pas… Waouh ! J'ai la solution !

Dans le vestiaire, je tire super fort sur la ficelle de mon maillot : gagné ! Mon maillot est bien trop grand. Et quand je sors de ma cabine, je fais celui qui est super embêté et qui peut pas aller dans

l'eau avec un maillot de taille XXL !
– Euh… Mademoiselle Gossein, je crois que je vais pas pouvoir aller dans le bassin, mon maillot est tout craqué !
– T'inquiète, Toto ! Mets ça et à la douche ! Et avis aux tire-au-flanc ! J'ai des maillots de RECHANGE et des bonnets de RECHANGE !
J'y crois pas ! Mademoiselle Gossein m'a donné des bretelles pour tenir mon

maillot ! Jonas se moque de moi et voilà la prof qui se remet à aboyer.

– Tout le monde à la douche ! Pas de douche, pas de piscine !

Je fais vite un p'tit calcul : si pas d'eau, pas de douche, et donc pas de piscine et pas de plongeon. Et ça tombe bien, car j'aperçois la grosse manette qui coupe l'eau. Et hop ! Je la tourne et…

– Héééé, ooooh ! Y a plus d'eau !

Ça, c'est les cris des copains, mais quand j'entends Olive hurler qu'elle a du shampooing dans les yeux et que ça pique, j'peux pas la laisser souffrir, alors je remets vite l'eau. Cette fois, Mademoiselle Gossein m'a vu et me passe un savon.

– Alors Toto ? On fait de la plomberie ? VA PRENDRE TA DOUCHE !

Pfft… J'suis coincé : me voilà en maillot à bretelles, sur le petit plongeoir, derrière Olive et devant Jonas. Et juste au bord, Mademoiselle Gossein tient une longue perche.

– Bon alors, vous voyez cette perche ? Eh bien, on saute, on la touche avec les mains et hop ! On se laisse tomber dans l'eau, la tête la première.

– Trop fastoche, hein, Toto ?
C'est Jonas. Depuis hier, il me cherche.
Oooh, noon ! C'est à mon tour de sauter.
Les copains attendent en criant :
– To-To ! La torpille !
J'avance vers le bord du plongeoir et je fais des exercices de respiration pour gagner un peu de temps.
– Bon alors, Toto ! C'est pour aujourd'hui ou pour demain ?
Aaaah ! Cet imbécile de Jonas me pousse !
Je réussis à maintenir mes pieds au bord du plongeoir et à attraper la perche de

Mademoiselle Gossein. Mais j'vais pas tenir longtemps… J'vais tomb… Ouf ! Mademoiselle Gossein a de bons réflexes. Elle soulève d'un coup sec la perche et me voilà au bout, accroché comme une moule à un rocher !

– Exercice suivant : sauvetage du mannequin ! On plonge et on le remonte à la surface. Et Toto, tu vas le faire, celui-là !

Oh non, ça recommence… Tous mes copains sont déjà sur le plot de départ mais moi, j'ai une chose bien plus importante à faire que d'aller sauver un faux mannequin : je file prendre le bonnet de bain à fleurs de Mademoiselle Gossein. Je sais, ça se fait pas de fouiller dans le sac des dames, mais y a urgence !

Super ! Personne s'est rendu compte de mon absence, sauf Olive. Mais elle rapporte jamais ! La preuve : quand je lance le bonnet de bain dans l'eau, elle dit rien du tout à personne. En plus, Olive,

elle est hyper courageuse car elle a plongé et ramené le mannequin à la surface de l'eau. C'est mon tour et Mademoiselle Gossein m'a à l'œil.

– Allez Toto ! À toi !

Et là, je sors le grand jeu ! Je me mets en position pour plonger quand soudain, je m'écrie :

– Mademoiselle Gossein ! J'peux pas plonger, regardez ! Y a une méduse dans l'eau ! Là !

– Une méduse ? Et puis quoi, encore ?
– Mais si, là ! Regardez ! C'est bleu, c'est visqueux… C'est une méduse venimeuse ! Il faut vider la piscine !!!

Pfft, les profs… Ils comprennent vite.
– C'est mon bonnet de rechange, Toto ! Et qui est allé fouiller dans mon sac ? Tu auras donc une RETENUE ! Et en attendant, file sur le GRAND plongeoir, ILLICO ! Exercice spécial sinon en plus, c'est un zéro en natation !

Cette fois, j'suis coulé. Et tout le monde me regarde. Et Mademoiselle Gossein hurle :

– Allez Toto !

Montre-nous un peu comment on lance une torpille !

J'ai pas besoin d'être dans l'eau pour être trempé : je transpire de peur.

Je m'avance tout triste et tout blanc au bord du plongeoir. J'essaie de prendre ma respiration, je vais fermer les yeux quand :

– Au secours ! Aïe ! J'ai une crampe !

C'est Olive ! Elle va se noyer ! J'peux pas laisser ma copine couler !

Vite, j'accroche mes bretelles de chaque côté du plongeoir et BOÏNG ! Je descends comme un élastique dans l'eau et hop ! Je rattrape vite Olive sous l'eau et on remonte comme deux ressorts à l'air libre. Tout ça, sous les yeux des copains !

Mademoiselle Gossein nous rejoint vite sur le grand plongeoir et détache notre « parachute à bretelles ».

– Bravo Toto ! Moi qui commençais à croire que tu avais peur de l'eau !

– Hé, Toto ! C'était la torpille que tu viens de faire ?

Ha ! ha ! Il est chouette aussi, mon copain Yassine ! Depuis le temps qu'il attendait ça !

Mais Olive lui répond, super fière de moi :
– Non, non ! C'était mieux que ça : c'était au moins la BOMBE !
Je savais qu'Olive m'aimait bien, mais à ce point… Moi, c'est tout pareil !

Collection dirigée par Lise Boëll

Cet ouvrage est adapté d'une bande dessinée de Thierry Coppée parue aux Éditions Delcourt et d'une série télévisée produite par Gaumont-Alphanim.
Pour la bande dessinée : Les Blagues de Toto © Guy Delcourt Productions - Thierry Coppée.
Pour la série télévisée : Les Blagues de Toto © 2009 Gaumont-Alphanim. Tous droits réservés.
D'après la bande dessinée "Les Blagues de Toto" créée par Thierry Coppée, publiée aux Éditions Delcourt.
Réalisé par Gilles Dayez. Écrit par Fred Louf.
Produit par Gaumont-Alphanim avec la participation de M6, SND, Europool, La Région Poitou-Charentes, le Département de la Charente.
Développé avec le soutien du Programme Média de l'Union Européenne.
L'élection du déglingué de classe écrit par Christel Gonnard et Joseph Jacquet.
La visite médicale écrit par Delphine Dubos.
Toto 20 sur 20 écrit par Nicolas Verpilleux.
Papa de Carnaval écrit par Fred Louf.
Comment je m'appelle écrit par Julien Frey.
La tête à Toto écrit par Régis Jaulin et Chloé Glachant.
Le Grand Jour de Fou écrit par Julien Frey.
Quand je serai grande… écrit Julien Frey.
Nom de code : F.A.B.R.I.C.E écrit par Christel Gonnard et Joseph Jacquet.
Le Poulet pédagogique écrit par Anne-Sophie Birot et Fred Louf
Il faut sauver Gigapuce ! écrit par Fred Louf
La Chaîne alimentaire écrit par Frédérique Monfort
Joyeux Yassiversaire ! écrit par Christel Gonnard et Joseph Jacquet.
Faux et usages de faux écrit par Christel Gonnard et Joseph Jacquet.
Toto se jette à l'eau écrit par Franck Taillez et Fred Louf.

www.lesblaguesdetoto.com

Publication originale :

22 rue Huyghens, 75014 Paris
www.albin-michel.fr
Adaptation : Valérie Videau
Conception éditoriale : Lise Boëll
Éditorial : Marie-Céline Moulhiac et Céline Schmitt
Direction artistique : Ipokamp
ISBN 978-2-226-24461-1
Loi n°49-956 du 16 juillet 1949 sur les publications destinées à la jeunesse
Achevé d'imprimer en Italie par Europrinting S.p.A.
Dépôt légal : octobre 2012